SAN FRANCISCO

»Stellen Sie sich einen Roman über Chicago oder Buffalo vor,
oder etwa über Nashville, Tennessee.
Es gibt lediglich drei große Städte in den Vereinigten Staaten, die ›Geschichtenstädte‹ sind,
natürlich New York, New Orleans und, als beste unter ihnen, San Francisco.«

Frank Norris (1870-1902)

SAN FRANCISCO

Bilder von
Rainer Martini
Texte von
Manfred Braunger

INHALT

Titelseite:
Seit ihrer Fertigstellung im Jahr 1937 ist die Golden Gate Bridge das bekannteste und zugleich schönste Wahrzeichen der Stadt.

Seite 1 und Rücktitel:
San Francisco könnte auch »Stadt der Wandgemälde« heißen. Hauptsächlich im Mission District sind viele Hauswände mit überdimensionalen Malereien versehen.

Seite 2/3:
Ein unschlagbares Duo: das filigrane Stahl- und Eisengeflecht der berühmten Golden Gate Bridge und die berückende Stadtlanschaft von San Francisco, Amerikas pazifischer Traummetropole.

Am Alamo Square zeigt San Francisco seine beiden berühmt gewordenen Gesichter: das viktorianische und das von Wolkenkratzern geprägte.

Das unverwechselbare »Markenzeichen« von San Francisco: die Golden Gate Bridge - das wohl bekannteste technische Bauwerk des amerikanischen Westens.

Japanischer Kriegsveteran mit einer Fahne beim alljährlichen Kirschblütenfest in Japan Town, dem japanischen Viertel der Bay-Metropole.

Der Mission District gehört zu den buntesten Stadtteilen von San Francisco. Das bezieht sich nicht nur auf die vielen Wandmalereien dieser Gegend, sondern auch auf die Bevölkerung, die zu einem hohen Anteil aus mittel- und südamerikanischen Ländern stammt.

Die Oakland Bay Bridge zwischen San Francisco und Oakland an der östlichen Bucht ist zwar ungefähr genauso alt und genauso wichtig wie die Golden Gate Bridge, hat aber nie die legendäre Reputation des »Wahrzeichens« der Stadt erreicht.

STADT AM ENDE DES REGENBOGENS

Auf der Van Ness Avenue staut sich der Verkehr wie immer um diese Abendzeit zu einer schier endlosen Prozession roter Bremslichter. Böiger Wind weht durch die Häuserschlucht, rüttelt an heruntergezogenen Rollläden und fegt Staub und zerfledderte Zeitungen in Hausecken. Es wird noch eine Weile dauern, bis sich die Blechkarawanen in der Rush Hour den Weg bis zur Golden Gate-Brücke gebahnt haben und jenseits des ›Goldenen Tores‹ in der Dunkelheit von Marin County verschwunden sind.

Hoch über der angestrahlten Kuppel des Rathauses treiben Wolkenknäuel im Widerschein der lichterglänzenden Stadt landeinwärts wie Lämmerherden auf dem Weg zum Stall. Auf der Civic Center Plaza gähnt die nächtliche Leere. Ein paar Schritte entfernt erwacht die Market Street zu ihrem zweiten Leben, das sie Nacht für Nacht umtreibt. Mit Einbruch der Dunkelheit erhält das Territorium der eleganten Shopping-Zentren, Modeboutiquen und Supermärkte bis zum nächsten Morgen ein neues Publikum: Penner und Wohnsitzlose, Gestrandete und Glücklose, Berufsnieten und Amateurnutten, selbst ernannte Gesellschaftskritiker in ihren Lumpen und verkannte Volkspsychologen, die ihre Habe in geklauten Einkaufswagen durchs Leben schieben wie ein unausweichliches Schicksal. An der Ecke des Kaufhauses Macy's hockt ein mit Drogen voll gepumpter Saxophonspieler auf einer Holzkiste und nuckelt tonlos am Mundstück seines Instrumentes.

Im Jahr 1969 wurde der Song »I left my heart in San Francisco« von Douglass Cross und George Cory zum ersten offiziellen Song der Stadt erkoren. 1984 bekam dasselbe Prädikat »San Francisco« von Bronislaw Kaper, Walter Jerman und Gus Kahn aus dem gleichnamigen Film, der schon 1936 in die Kinos gekommen war.

In alle vier Winde reicht der Blick von den Twin Peaks hoch über der Stadtlandschaft, die über 40 größere und kleinere Hügel bedeckt.

Zwei, drei Blocks vom Elend entfernt hat sich die Stadt in den Straßenzügen um den Union Square ihre elegante Abendrobe umgelegt. Lautlos rollen Luxuslimousinen vor die großen Hotels, in dem Kleider noch Leute und Paradeuniformen noch Generäle machten. Hinter den Panzerglasscheiben der Edelboutiquen breitet sich alles aus, was gut und teuer ist.

Auf quietschenden Rädern kommt die Cable Car die Powell Street herunter und entlässt ihre Passagiere in den Theaterdistrikt. In der Maiden Lane zaubert ein Hairstylist einer hübschen Blondine mit Farbklecksen eine bunte Narrenkappe auf den Kopf.

Seite 6/7: Am Alamo Square zeigt San Francisco seine beiden berühmt gewordenen Gesichter: das viktorianische und das von Wolkenkratzern geprägte.

»San Francisco hat eine sündige Tradition, die in den stürmischen vierziger Jahren begann, als Männer in der Erde nach Gold zu buddeln begannen.«
Benjamin Bufano
(Italienischer Einwanderer)

Hinter dem dekorativen Löwentor an der Grant Street öffnet sich mit Chinatown eine andere Welt. Über die Straße gespannte rote Stofffetzen und Transparente schütteln sich im frischen Wind, der von der Bucht her weht. Aus schulterschmalen Ladentüren dringt der exotisch-süße Duft von Räucherstäbchen und mischt sich mit den fernöstlichen Küchennebeln, die aus Restaurants und Garküchen entweichenden. Bunt bedruckte Fächer, runde, eckige und ovale Schächtelchen und Dosen, Plastiksandalen, Figürchen aus Sandelholz und Buddha-Figuren aus glänzendem Messing türmen sich auf den Ladentischen zu Bergen. Nebenan glotzen ausgenommene Fische mit glasigen Augen auf die Menschenmassen, die sich auf den Gehsteigen durch San Franciscos »Reich der Mitte» drängeln. Über dem Säuleneingang eines Restaurants begrüßt ein mit Goldbronze lackierter Buddha milde lächelnd die eintretenden Gäste. Gleich nebenan hängen lackierte Pekingenten wie eine kulinarische Trophäensammlung im Fenster einer Suppenküche.

Ein gewaltiges Steuerrad erinnert im heutigen Rummelplatzviertel Fisherman's Wharf daran, dass sich an dieser Stelle immer noch der Fischereihafen der Stadt befindet. Wer den Fischern bei der Arbeit zusehen will, muss früh aus den Federn.

Weiter im Norden, wo die Grant Street auf die neondekorierten Sexshops und Erotikbars des Broadway trifft, verlief Mitte des 19. Jahrhunderts, vor den großen Landaufschüttungen, die Wasserkante der Stadt mit einem Hafen, der diesen Namen kaum verdiente - eine Ansammlung von aufs Geratewohl in den Schlick gerammter Piers, die gerade gut genug waren um gelegentlich einen Seelenverkäufer zu vertäuen, der sich in die Bucht verirrt hatte. Das änderte sich schlagartig mit dem kalifornischen Goldrausch, als innerhalb eines einzigen Jahres fast 800 Schiffe allein von der amerikanischen Ostküste den Anker setzten und der Küstenflecken von schätzungsweise 100.000 im Goldfieber zitternden Möchtegern-Millionären überrannt wurde.

Einwohnerzahl San Francisco

1800	223
1830	131
1847	459
1848	812
1850	25.000
1852	34.770
1860	56.800
1870	150.000
1880	234.000
1900	343.000
1930	634.000
1950	775.000
1995	740.000

Damals begann sich San Francisco von einem unbedeutenden Küstenkaff zu einer richtigen Stadt zu entwickeln, mit allen Höhen und Tiefen. Damals erlebte es seine wilden Jugendjahre, stieß sich die Hörner ab und bildete Charaktereigenschaften aus, die auch der längst

Die Wolkenkratzerinsel des Finanzdistriktes entstand erst seit den sechziger Jahren, nachdem die lange Zeit von der Erdbebengefahr diktierten Bauvorschriften geändert worden waren und höher als 13 Stockwerke gebaut werden durfte.

erwachsenen Stadt des ausgehenden 20. Jahrhunderts noch auf den Leib geschrieben sind. Die Bevölkerung explodierte damals geradezu. In seiner Ausgabe vom 18. März 1848 bezifferte der »California Star« die Bevölkerung auf 575 Männer, 177 Frauen und 60 Kinder, also insgesamt 812 Menschen. 1852 hatte die Stadt bereits 35 000 und 1860 knapp 57 000 Einwohner, Zehntausende von Durchreisenden nicht eingerechnet, die im Hafen von Bord gingen, nur um sich in der Stadt mit dem Notwendigsten für die Goldsuche in der Sierra Nevada zu versorgen.

Barbary Coast hieß damals die berühmt-berüchtigte Hafenmeile. Dort patrouillierende Polizisten trugen keine Revolver, sondern Messer, weil die im Notfall schneller zu ziehen waren. Barbary Coast stank nach billigem Fusel und Urin. »Dieser Dschungel war eine freie und gefährliche Wildbahn für Huren, Taschendiebe, Rowdies, Zuhälter, Bauernfänger, Mörder und Diebe jeder Schattierung«, schrieb der Schriftsteller Howard Fast über das Viertel.

Nirgends waren die Kneipen verrufener, die Bordelle schäbiger und Menschenleben weniger wert als dort. Das »Schanghaien« war an der Tagesordnung. Wer bei einer Sauftour durch die zweifelhaften Etablissements dem Alkohol übermäßig zusprach, brauchte sich nicht zu wundern, wenn er am nächsten Tag als unfreiwilliger Matrose auf hoher See aus seinem Rausch erwachte.

Den besten Blick über die Stadtlandschaft von San Francisco hat man von den Aussichtspunkten auf den beiden gut 900 Meter hohen Twin Peaks im Südwesten des Stadtzentrums.

San Francisco war um die Mitte des 19. Jahrhunderts der Inbegriff des Wilden Westens, wo nur ein Gesetz galt: das Gesetz des Stärkeren. 1850 wurde John White Geary zum ersten Bürgermeister der Stadt gewählt. Seine erste Amtstat: die Einrichtung eines Postamtes. Zweite Amtshandlung: die Suche nach einem Gefängnis. Ein Stadtteil wurde von einer Bande australischer Krimineller terrorisiert, während eine andere

aus New York stammende Gang die Gegend um den Telegraph Hill unsicher machte. Die Zustände waren so schlimm, dass die rechtschaffenen Einwohner schließlich Bürgerwehren bildeten und zur Abschreckung im Sommer 1851 am Portsmouth Square die ersten vier Verbrecher öffentlich hängen ließen. Zwei Jahrzehnte später war San Francisco

das bedeutendste Wirtschaftszentrum im amerikanischen Westen, nicht allein des Goldes vom American River wegen, sondern weil es auch für den Silberboom in der Comstock Lode in Nevada als Versorgungsbasis diente. Einen weiteren wirtschaftlichen Schub brachte die Fertigstellung der transkontinentalen Eisenbahn 1869. Die Eisenbahnkönige Charles Crocker, Collis P. Huntington, Mark Hopkins und Leland Stanford kontrollierten nicht nur den Transport auf dem Schienenweg. The Big Four, wie das superreiche Quartett genannt wurde, hatten auch das Cable Car-System sowie die Fähren der Bucht in ihren Besitz gebracht und übten damit ein profitables Transportmonopol aus. Auf dem Nob Hill, einem von insgesamt 43 Hügeln des Stadtgebietes, ließen sie sich mitten im Stadtzentrum ihre prächtigen Residenzen errichten, hoch über den Köpfen des gemeinen Volkes.

Rettungslos anachronistisch, aber dennoch ein Liebkind der Bevölkerung der Bay-Metropole: die seit 1873 in der Stadt verkehrenden Cable Cars.

Von diesen noblen Villen ist im ausgehenden 20. Jahrhundert nicht mehr viel übrig. Ein Großteil der im 19. Jahrhundert errichteten Gebäude fiel dem großen Erdbeben am 18. April 1906 zum Opfer. »Tausende von Männern«, stand am Tag der Katastrophe in der Ausgabe der ›Evening Daily News‹, »die in der letzten Nacht wohlhabend zu Bett gingen, wachten heute Morgen faktisch bankrott auf«. Dabei waren im Grunde genommen nicht die 48 Sekunden andauernden Erdstöße der Stärke 8,2 auf der Richterskala das Verheerende. Der größte Schaden entstand durch knapp fünf Dutzend Brände, die durch umgestürzte Herde und zerbrochene Gasleitungen aus-

Die schönsten viktorianischen Bauten der Stadt stehen um den Alamo Square. Die Restaurierung der alten Baustruktur wurde hauptsächlich seit Beginn der 70er Jahre zum großen Geschäft.

Der vornehme Nob Hill verdankt seinen Namen zwei Ursprüngen, einer Verballhornung von »Knob«, was im Englischen Hügel oder Berg bedeutet, und einer Verzerrung des Wortes »nabob«. So wurden im kolonialen Indien schwerreiche Engländer bezeichnet.

Nach dem großen Erdbeben von 1906 entstand aus der Ruinenlandschaft ein neues San Francisco. Wer sich dort heute ein Grundstück oder eine Immobilie kaufen will, muss tief in die Tasche greifen.

gelöst worden waren. Die Einwohner von Oakland säumten das Ufer der East Bay und starrten über die Wasserfläche auf die in Rauchwolken gehüllte Schwesterstadt hinüber, in der sich der Feuersturm durch die größtenteils aus Holz erbauten Stadtteile fraß. 28.000 Gebäude fielen den Flammen zum Opfer. Über die Hälfte der 400.000 Einwohner der Stadt waren ohne Dach über dem Kopf. Etwa 3000 Menschen bezahlten das Inferno mit dem Leben.

Die Asche in den zusammengestürzten und verkohlten Ruinen glimmte noch, als sich die Bürger von San Francisco an den Wiederaufbau machten. Sie bewiesen die Tatkraft, die ihnen ihre Eltern und Großeltern in die Wiege gelegt hatten, die seit den vierziger Jahren des 19. Jahrhunderts mit den Planwagentrecks aus dem Osten quer durch den Kontinent an die Pazifikküste gezogen waren. Als die Stadt 1915 mit der Panama-Pacific International Exposition die Eröffnung des Panama-Kanals und gleichzeitig ihr eigenes Wiedererstehen feierte, waren die Brandwunden verheilt, hatte **das Vertrauen in die eigene Überlebenskraft** einen glanzvollen Sieg davongetragen und ein neues Selbstverständnis erweckt, das der Stadt auch in den schwierigen Jahren der Weltwirtschaftskrise hilfreich war.

»Es ist eine verrückte Stadt, von absolut geisteskranken Menschen bewohnt, wobei die Frauen von bemerkenswerter Schönheit sind.«
Rudyard Kipling

San Francisco musste sich auch im Herbst 1989 wieder auf seinen Überlebenswillen besinnen, als es durch das gewaltigste Erdbeben seit 1906 in Angst und Schrecken versetzt wurde. Wiederum brachte die brutale Gewalt des schwankenden Bodens der Bevölkerung die Tatsache in Erinnerung, dass über ihr nach wie vor das Damoklesschwert der Naturkatastrophe hängt. Aber die Stadt duldet keine Weltuntergangsstimmung. Im Gegenteil: **Die narzisstische Schöne am Pazifik** hat sich das ›Prinzip Hoffnung‹ längst zur zweiten Natur gemacht. Sie sieht jedem über der Bucht heraufdämmernden Tag mit blitzenden Augen und ungebrochenem Lebensmut entgegen. Was könnte man von einer Stadt am Ende des Regenbogens auch anders erwarten!

Das Conservatory of Flowers, ein Treibhaus für über 10 000 Pflanzenarten im Golden Gate Park, wurde im irischen Dublin vorgefertigt, mit dem Schiff um Kap Horn an der Südspitze Südamerikas nach San Francisco transportiert und dort zusammengesetzt.

Am Nordende der Golden Gate Bridge windet sich eine Serpentinenstraße bergan. An ihr liegen mehrere Aussichtspunkte mit grandiosem Blick auf die Brücke und die dahinter liegende Skyline der Stadt.

Aus der Vogelschau präsentiert sich die Bay-Metropole häufig im zauberhaften Dunst, der die Konturen der entfernten Bucht und die Höhenlinien der Küstengebirge nur noch erahnen lässt.

Seite 16/17:
Der Aufstieg zu den Twin Peaks lohnt sich - auch wenn man per Mountain Bike ganz schön in die Pedale treten muss. Aus der luftigen Höhe reicht der Blick an manchen Tagen über das Stadtzentrum hinweg bis an die East Bay mit den Städten Oakland und Berkeley.

Sportliche Aktivität ist an der amerikanischen Pazifikküste weniger Leibesertüchtigung, als vielmehr integraler Bestandteil einer Lebensphilosophie. Wie könnte das auch anders sein in einem Land, in dem das Joggen und das Skateboard-Fahren »erfunden« wurde.

Zweimal Downtown San Francisco. Von den Twin Peaks fällt der Blick mitten ins himmelstrebende Herz der Großstadt, das durch die zentrale Market Street in zwei Hälften geteilt wird.

Nach Sonnenuntergang verwandelt sich die Innenstadt in ein funkelndes und strahlendes Riesengemälde.

Erdbeben - der kalifornische Alptraum

Wie eine riesige, schlecht verheilte Narbe zieht sich ein über tausend Kilometer langer Erdriss in Nord-Süd-Richtung durch Kalifornien. Er beginnt im Mendocino County, verläuft an San Francisco vorbei und bildet südlich der Stadt eine bewaldete Senke mit Stauseen und Joggingpfaden, um südlich von Los Angeles auf die Baja California zuzulaufen und im Pazifischen Ozean zu enden. Dieser San Andreas-Graben ist alles andere als eine von vielen Launen der Topographie. Er ist ein Schreckgespenst, das Tag für Tag Millionen von Menschen bedroht und in der Vergangenheit schon mehrfach gnadenlos zugeschlagen hat. Am fürchterlichsten im Jahr 1906, als beim damaligen Erdbeben mehrere tausend Menschen den Tod fanden und ein großer Teil der Stadt ein Raub der Flammen wurde.

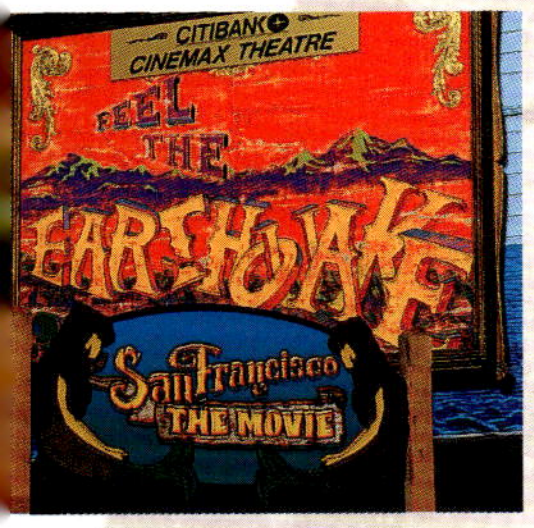

Der moderne »Katastrophentourismus« treibt manchmal seltsame Blüten. Erdbeben werden von kommerziellen Einrichtungen längst in Shows, Nervenkitzel inklusive, vermarktet.

San Francisco ist längst wieder aufgebaut. Aber auf der Point Reyes-Halbinsel eine Autostunde nördlich der Bay-Metropole führt beim Bear Visitor Center ein kurzer Erdbebenpfad durch die Landschaft, in der einige Markierungspunkte die Erinnerung an die große Katastrophe von 1906 aufrechterhalten. An dieser Stelle lag damals das Epizentrum des Bebens, bei dem sich der Boden entlang einem Erdriss um über sechs Meter verschob, so als seien zwei Landmassen hüben und drüben wie auf dem Wasser treibende Inseln aneinander vorbeigeglitten.

Diese Vorstellung entspricht im Kern dem, was am Erdspalt auf der Point Reyes-Halbinsel damals passierte und was sich seither entlang dem San Andreas-Graben häufig wiederholte. Dieser mancherorts 30 Kilometer tief in die Erdrinde reichende Graben trennt zwei gewaltige Erdplatten. Auf der nach Nordwesten driftenden Pazifischen Platte liegt der Stille Ozean samt einem schmalen Küstenstrich Kaliforniens, zu dem neben der Stadt Los Angeles auch die Point Reyes-Halbinsel gehört. Auf der nach Südosten reisenden Amerikanischen Scholle befinden sich außer dem restlichen Kalifornien die Stadt San Francisco samt dem übrigen nordamerikanischen Kontinent.

Tief im Innern der Erde, wo das Gestein heiß und flüssig ist, bleibt die Plattentektonik ohne Konsequenzen. Wo die Schollen aber aus verhärtetem Fels beste-

Bauarbeiter und Geometer saßen sich nicht lange untätig gegenüber: Nachdem sich die riesigen Rauchwolken über der Ruinenlandschaft von San Francisco nach dem Beben von 1906 verzogen hatten, begann unverzüglich der Wiederaufbau.

hen, resultieren aus den gegenläufigen Bewegungen Verkeilungen, als versuchte man, zwei mit ungleichen Kantenflächen ausgestattete Steinplatten aneinander

Ein Blick in die Sacramento Street gibt einen Eindruck von der katastrophalen Zerstörung der Stadt durch das große Beben und die nachfolgenden Großbrände.

vorbeizuschieben. Deformationsenergien entladen sich entlang dem San Andreas-Graben jedes Jahr in etwa 10.000 Mini-Beben, die nur von den empfindlichen Nadeln der Seismographen registriert werden. Aber Verspannungen können ihre Dynamik auch über Jahre hinweg aufstauen, bis die Kraft die Festigkeit des Gesteins nachgeben lässt und sich die Platten eine neue Position suchen.

Dann beginnen auf der Erdoberfläche die Wolkenkratzer zu tanzen.

G O T T E S D I E N S T

Bleibt auf euren Sitzen«, rief ein Prediger in Oakland nach dem ersten Stoß, »wenn ihr sterben sollt, so findet ihr nirgends einen besseren Platz dazu als hier.« Nach dem dritten Stoß fügte er hinzu: »Aber draußen ist es auch nicht schlecht«, und verschwand durch eine Hintertür.«
Mark Twain, *Im Gold- und Silberland (zum Erdbeben 1865)*

Im ausgehenden 19. und beginnenden 20. Jahrhundert war in San Francisco der viktorianische Baustil »en vogue«. Die technischen Möglichkeiten der Holzindustrie erlaubten architektonische Extravaganzen wie Drechslerarbeiten, welche die Fertighäuser zu unverwechselbaren Einzelstücken machten.

Die viktorianische Architektur der Bay-Metropole besteht aus fünf Stilrichtungen, beginnend mit einer an den neoklassizistischen Stil angenäherten Bauweise. Von 1860 bis 1880 dominierte der italienisierende Stil. Im Jahrzehnt darauf folgte der Stick-Eastlake-Stil mit Pyramiden-, Würfel-, Zylinder- und Rundformen, dann bis zur Jahrhundertwende der Queen-Anne-Stil. Viel nüchterner gab sich der Edwardische Stil zwischen 1900 und 1915.

STADT DER WAHRZEICHEN

Der 27. Mai 1937 war kein Tag wie jeder andere in San Francisco. Die ganze Stadt war auf den Beinen um einem technischen Meisterwerk aus Stahl, entstanden auf dem Reißbrett des Ingenieurs Joseph Strauss, die Aufwartung zu machen - der eben fertig gestellten Golden Gate Bridge. Über 200.000 Menschen spazierten in schwindelnder Höhe über die längste Hängebrücke der Welt, deren Fahrbahn unter dem Gewicht der Menschenmassen drei Meter unter die Normalmarke absackte. Vom Marin County am Nordende der Brücke genossen die Flaneure erstmals den Blick auf das filigrane Bauwerk und die sich am gegenüberliegenden Ufer der Bucht ausdehnende Stadt - eine hinreißende Szenerie, eine optische Ouvertüre von seltener Harmonie.

Trotz ihrer gewaltigen Ausmaße wirkt die Golden Gate Bridge wie ein aus Stahl und Eisen ziseliertes Kunstwerk.

Am Tag darauf rollten die ersten Fahrzeuge über die neue Verkehrsverbindung. Die Angestellten in den Mauthäuschen zählten bei der Premiere 32 300 Autos. Manche Chauffeure oder Passagiere dürften den Ausflug

»International Orange« heißt die lachsrote Farbe, mit der die Golden Gate-Brücke gestrichen ist. Rund 19 000 Liter dieser Tünche werden Jahr für Jahr »verpinselt«, um das Bauwerk in Stand zu halten.

mit sehr gemischten Gefühlen

angetreten haben. Denn im Unterschied zur bereits ein Jahr zuvor eröffneten Oakland Bay Bridge handelt es sich bei der Golden Gate Bridge um eine vergleichsweise ›wacklige‹ Angelegenheit. Die 2700 Meter lange Fahrbahn schwebt auf knapp 1300 Meter Länge frei, ohne Stütze, in 75 Meter Höhe über der graugrünen, aufgewühlten Wasserfläche. Die Haltekabel über den beiden 228 Meter hohen Pylonen weisen zwar mit einem Durchmesser von gut 0,9 Meter ebenso beeindruckende Maße auf wie die armdicken, senkrecht verlaufenden Haltetrossen. Aber war diesem vorab von einigen Fachleuten als technisch undurchführbar bezeichneten Menschenwerk zu trauen?

Seite 26/27: Das unverwechselbare »Markenzeichen« von San Francisco: die Golden Gate Bridge - das wohl bekannteste technische Bauwerk des amerikanischen Westens.

Dies war jedoch nicht der Augenblick der Zweifler, sondern der Tag des Triumphes der Technik über die natürlichen Gegebenheiten. Vergessen waren die über zweitausend Gerichtsverfahren, mit denen Landschaftsschützer den Bau hatten verhindern

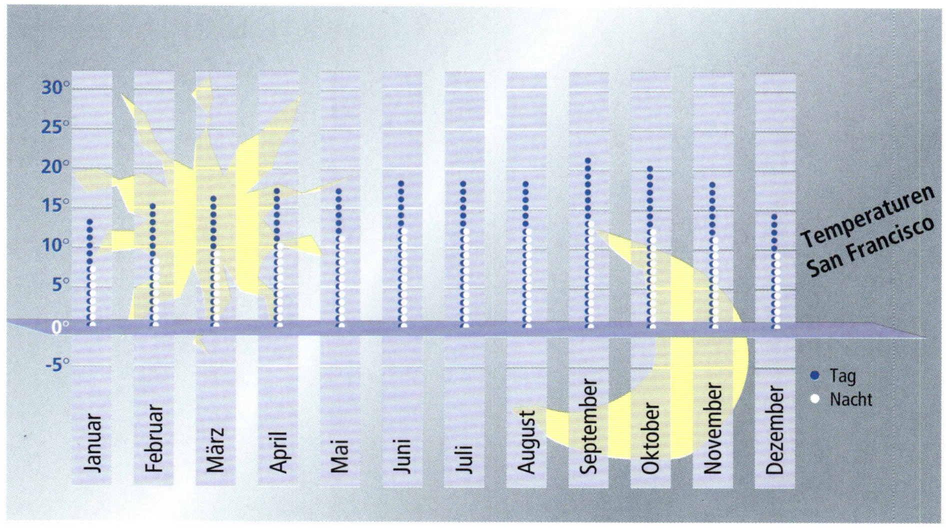

wollten. Und kaum jemand dachte an die elf Arbeiter, die während des Baus ums Leben gekommen waren, trotz peinlich genauer Sicherheitsmaßnahmen. Ein unter die Brücke gespanntes Sicherheitsnetz hatte neunzehn abgestürzten Männern das Leben gerettet. Sie gründeten den wohl exklusivsten Club der Welt mit dem Namen »Halfway to Hell« (Auf halber Strecke in die Hölle). Auch Schwierigkeiten wie die Verankerung des südlichen Brückenpfeilers waren kein Thema mehr: San Francisco begrüßte sein neues, unverkennbares Wahrzeichen mit offenen Armen und einem rauschenden Volksfest.

Wahrscheinlich gibt es viele Gründe, warum das Bauwerk zu einem so populären Kennzeichen der Stadt wurde, allen voran die optischen Qualitäten. Von Alcatraz sieht die Brücke wie ein vor das Goldene Tor gelegtes zerbrechliches Ziergitter aus. Bei Fort Point direkt unterhalb der südlichen Brückenauffahrt macht sie einen eher unheimlichen Eindruck. Das mag den Thriller-Regisseur Alfred Hitchcock dazu bewogen zu haben, 1958 eine Schlüsselszene von »Vertigo« mit Kim Novak und James Stewart genau an dieser Stelle spielen zu lassen.

Bis Ende der dreißiger Jahre wurde der Personenverkehr zwischen San Francisco und dem nördlich des Goldenen Tores gelegenen Marin County ausschließlich per Schiff bewältigt - ein Umstand, welcher der wirtschaftlichen Entwicklung der Stadt im Wege stand. Aber nicht nur an der Peripherie, sondern auch

Am 28. Mai 1937 wurde die Golden Gate-Brücke für den Autoverkehr geöffnet - durch US-Präsident Roosevelt, der in Washington D.C. Punkt 12 Uhr mittags

Die zwei Haupttrossen der Golden Gate Bridge sind nur an zwei zentralen Trägern aufgehängt, die über der Wasserfläche 227 Meter hoch in den Himmel ragen.

im Stadtkern, schuf der Personentransport bereits im 19.Jahrhundert Probleme. Denn San Francisco erstreckt sich über 43 größere und kleinere Hügel, was den Standort der Bay-Metropole vermutlich zum topographisch abwechslungsreichsten Großstadtgebiet Amerikas macht. Man ahnt, warum in den USA fast jedes Auto mit einem automatischen Getriebe ausgestattet ist. An steilen Gefällabschnitten einzuparken oder anzufahren, lässt sich ›automatisch‹ leichter bewerkstelligen als mit Schaltung.

Wäre das Stadtgebiet von San Francisco flach wie ein Hamburger, besäße die Metropole vermutlich eine ihrer großen Attraktionen nicht. Denn im Flachland hätte sich der aus Schottland stammende Andrew Hallidie seine Gedanken um eine verkehrstechnische Erschließung der innerstädtischen Anhöhen sparen können. Aber der 115 Meter hohe Nob Hill hatte die Aufmerksamkeit des Kabel- und Stahltrossenfabrikanten auf sich gezogen. Er tüftelte mit den Cable Cars ein Nahverkehrssystem aus, das 1873 erstmals auf der Clay Street installiert wurde und zur Besiedlung des Nob Hill führte. Die auf Gleisen fahrenden Waggons wurden durch Stahlseile gezogen, die in einem schmalen Schacht im Erdboden verlegt waren. Dass es **dieses anachronistische Transportsystem** auch im Zeitalter der elektronischen Navigationssysteme noch gibt, ist den Einwohnern der Stadt zu verdanken. Sie schmetterten bislang sämtliche kommunalen Versuche ab, mit den Cable Cars die rollenden Identifikationsmerkmale der Stadt für immer aufs Abstellgleis zu verbannen.

Eine der schönsten Cable-Car-Strecken führt über die Hyde Street, von der man über die Gleise hinweg auf die Bucht von San Francisco blickt.

Die im heutigen Straßenverkehr vorsintflutlich anmutenden Waggons blieben nicht auf die Clay Street beschränkt. Im Jahre 1906 verkehrten 600 Wagen auf einem 180 Kilometer langen Schienennetz, das sich über fast alle Stadtteile

In der Mason Street Nr. 1201 (Ecke Washington Street) demonstriert das Cable Car Barn Museum, wie das legendäre innerstädtische Transportsystem funktioniert. Dort wird auch ein kurzer Film über die Cable Cars gezeigt. Der Museumseintritt ist gratis.

erstreckte. Das große Erdbeben unterbrach viele Strecken, die wegen des Siegeszuges des Automobils in späteren Jahrzehnten nicht mehr in Stand gesetzt wurden. Im Jahre 1964 unter Denkmalschutz gestellt, existieren heute noch drei Linien mit 44 Cable Cars, von denen zur Rush Hour maximal 27 auf den verbliebenen 28 Kilometer Gleisen verkehren. Seit eh und je sind die Endpunkte der jeweiligen Linien touristische Attraktionen ganz besonderer Art. Auf einer Wendeplattform drehen Fahrer und Schaffner mit gemeinsamen Kräften die sechs Tonnen schweren Oldtimer um, weil sie nur in einer Richtung fahren können.

Eine Fahrt mit dem Cable Car ist ein Muss bei einem San Francisco-Besuch. Eine Einzelfahrt kostet 3 $. An den Endhaltestellen gibt es Ticketautomaten. Aber auch in den Wagen selbst bekommt man Fahrscheine.

Andrew Halliedie war nicht der Einzige, der sich professionell mit den steilen Straßen von San Francisco beschäftigte. Ein anderer war der Filmregisseur Peter Yates. Mit Steve McQueen in der Hauptrolle drehte er 1968 den Thriller ›Bullitt‹ mit einer spektakulär inszenierten Autojagd. Eine abenteuerlichere ›Rennstrecke‹ als

die Achterbahn ähnlichen Straßen der Bay-Metropole

hätte der Filmemacher für seine Verbrecherhatz kaum auswählen können. Nirgendwo sonst konnten Autos Funken sprühend und auf qualmenden Reifen so wirkungsvoll kellertreppensteile Straßen hinunterjagen und wie von irdischer Schwere losgelöst über Hügelkuppen fliegen wie in San Francisco. Wo sonst gibt es normale Stadtstraßen mit einem Gefälle von über 30 Prozent. Die Filbert Street im Abschnitt zwischen Leavenworth und Hyde Street und die 22nd Street zwischen Church und Vicksburg Street sind die steilsten überhaupt - mit 31,5 Prozent.

Weniger steil, dafür um so kurviger, gibt sich die berühmteste Straße der Stadt: die Lombard Street. Der Abschnitt zwischen Leavenworth und Hyde Street nur ein paar Schritte von Fisherman's Wharf entfernt bringt es immerhin auf 24 Prozent Steigung - aber

Die steilsten Straßen San Franciscos:

Filbert Street zw. Leavenworth und Hyde Street	**31,5 %**
22nd Street zw. Church und Vicksburg Street	**31,5 %**
Jones Street zw. Union und Filbert Street	**29,0 %**
Duboce Street zw. Buena Vista und Alpine Street	**27,9 %**
Jones Street zw. Green und Union Street	**26,0 %**
Webster Street zw. Vallejo Street und Broadway	**26,0%**
Duboce Street zw. Alpine und Divisadero Street	**25,0 %**

die haben es in sich. Als in den zwanziger Jahren der Autoverkehr auch San Francisco eroberte, machten sich die Verkehrsplaner der Stadt Gedanken darüber, wie der gefährliche Russian Hill für die rollenden Blechlawinen am ehesten ›entschärft‹ werden könnte. Damals entstand die Lombard Street im heutigen Design. Aus der Entfernung könnte man meinen, ein schmaler Bach aus roten Ziegelsteinen mäandere durch eine in Schräglage befindliche Gartenanlage aus blühenden Hortensienbüschen. Die acht Spitzkehren der kurzen Serpentinenstrecke sind so eng, dass der Einschlagwinkel einer normalen Personenwagenlenkung eben ausreicht um die Kurven zu bewältigen. Tagtäglich wird die Lombard Street von Hobbyfotografen und professionellen Filmteams belagert. Kein Wunder. Neben der Golden Gate Bridge gibt es in der Stadt kaum ein Objekt der optischen Begierde, das so sehr mit San Francisco assoziiert wird wie dieses.

In Hunderten von Kino-, TV- und Werbefilmen hat die berühmte Lombard Street schon eine Rolle als dekorative Kulisse gespielt.

Auf dem Abschnitt zwischen Hyde und Leavenworth Street macht die Lombard Street ihre berühmten acht Kurven. Auf der Nordseite wird die Straße von 250, auf der Südseite von 259 Treppenstufen gesäumt.

Eine ähnliche Reputation besitzt das höchste Wahrzeichen der Bay-Metropole, das 260 Meter hohe Transamerica Building. Als die Baupläne Anfang der siebziger Jahre aus den Schubladen des Architektenbüros William Pereira & Associates in die Öffentlichkeit gelangten, brachen hitzige Diskussionen aus. **Eine riesige Pyramide mitten im Stadtzentrum** am Rande des Finanzdistriktes! Die Idee gefiel vielen ganz und gar nicht. Widerstand rief nicht nur die aus dem Rahmen fallende Gebäudeform hervor, sondern auch die Höhe. Bis 1957 hatten Bauvorschriften wegen der Erdbebengefahr eine Gebäudehöhe von maximal 13 Stockwerken erlaubt. Im Zuge neuer Bautechniken und steigender Grundstückspreise waren die Gesetze nach und nach gelockert worden. Aber ein Wolkenkratzer mit 48 Stockwerken und einer 65 Meter hohen, innen hohlen Spitze obendrauf schien manchen doch als etwas zu verwegen, wenn sie sich an die Erdbebengeschichte der Stadt erinnerten.

Um sie erdbebensicher zu machen, steht die Transamerica Pyramide auf einer gut 3 Meter dicken, 16 Meter tief in der Erde verankerten Basis aus Stahlbeton. Sie wiegt über 30 000 Tonnen und hält das Gebäude auch bei Schwankungen wie ein Stehaufmännchen in der Senkrechten.

Autos in Schräglage - die Straßen von San Francisco haben eine Steigung von bis zu 31,5%.

Traditionalisten betrauerten hauptsächlich, dass ein ganzer Straßenblock platt gemacht wurde um San Franciscos unübersehbarem Ausrufezeichen Platz zu machen. Monkey Block nannten die Alteingesessenen den 1853 von einem späteren Bürgerkriegsgeneral errichteten Komplex aus Anwaltskanzleien, Zeitungsredaktionen und Bars, der zu San Francisco gehörte wie die vom frischen Pazifikwind über die Twin Peaks gejagten Wolkenfetzen. Im Jahr 1855 erschoss dort ein gewisser James Casey den Herausgeber des San Francisco Daily Bulletin, James King of William. Der Mörder wurde unter großer Anteilnahme der Bevölkerung von einem selbst ernannten Bürgerrechtskomitee gehenkt. Das war aber nicht das einzige Mal, dass der Monkey Block Geschichte machte. Der chinesische Parteiführer und spätere Präsident der chinesischen Republik Sun Yat-sen verfasste vor Ort die englische Version einer chinesischen Verfassung. Und literarische Größen von Mark Twain bis Frank Norris gehörten zur Stammkundschaft des bekannten Exchange Salons, an dessen Tresen mancher Roman, manche Kurzgeschichte oder Reportage wertvolle Anregungen erhielt.

Der Blick vom Marin County über die Bucht auf die Skyline von San Francisco zählt zu den Westküstenerlebnissen, die Herzklopfen verursachen.

Stahlträger, Trossen, eiserne Pfeiler und Nieten, Millionen von Nieten, halten die Golden Gate-Brücke zusammen.

Bei Fort Point, einer alten Befestigung am südlichen Brückenbeginn, macht die Golden Gate Bridge einen geradezu unheimlichen Eindruck - vor allem an nebligen Tagen, wenn der nördliche Brückenteil im Nichts verschwindet.

Alcatraz - Der Felsen der Vergeltung

Milchig-müdes Licht stattet den Flur mit dem Charme eines leer stehenden Operationssaales aus dem frühen 20. Jahrhundert aus. Gittertüren, Treppenläufe und Balustraden wirken wie vergilbte, von Roboterinsekten schon vor langer Zeit angelegte Spinnweben. Die Schritte des Parkrangers dröhnen auf dem Zementboden. Irgendwo wird ein Schlüssel knirschend im Schloss umgedreht. Wortfetzen hallen durch die Trakte wie unverständliche Sätze aus dem Jenseits. Draußen vor dem Gebäude fällt der Blick über die glitzernde Wasserfläche der Bay auf die in Sonnenlicht getauchte Skyline von San Francisco, als sei am Rand der Hölle plötzlich das Paradies über den Horizont gerutscht.

So ähnlich müssen die ehemaligen Insassen der Hochsicherheitstrakte auf der Insel Alcatraz wohl auch empfunden haben. »The Rock«, wie die Einheimischen das felsige Eiland nennen, wurde vom US-Militär schon in den sechziger Jahren des 19. Jahrhunderts als Gefängnis für straffällige Armeeangehörige benutzt. Um die Jahrhundertwende diente die Insel als Quarantänestation für aus dem Spanisch-Amerikanischen Krieg zurückkehrende Soldaten, ehe sie nach dem katastrophalen Erdbeben 1906 die Häftlinge aufnehmen musste, deren Zellenblöcke auf dem Festland durch Erdstöße als nicht mehr ausbruchsicher gelten konnten.

Die berühmteste Zeit erlebte der Inselknast zwischen 1934 und 1963 als amerikanisches Bundesgefängnis für Unverbesserliche und Schwerstkriminelle. Jede andere Haftanstalt des Landes war im Vergleich mit Alcatraz eine Ferienherberge. Mit Rehabilitation hatte der Strafvollzug nichts im Sinn. Rache und Vergeltung waren angesagt. Die kleinen, nur mit dem Allernötigsten ausgestatteten Zellen besaßen nicht einmal eine Heizung. Die Gefangenen mussten sich nachts mit einer dünnen Zudecke zufrieden geben. Lungenentzündung, Erkältungskrankheiten und andere Leiden grassierten und verschonten auch die Prominenz nicht.

Wie etwa den legendären Gangsterchef Al Capone aus Chicago, der zu seinen »Amtszeiten« die halbe Stadtverwaltung inklusive Police Department auf seiner Lohnliste stehen hatte. 1931 wurde er wegen Steuerhinterziehung zu elf Jahren Haft verurteilt, die er zunächst in Atlanta, dann auf Alcatraz absaß. Als er 1939 vorzeitig entlassen wurde, war er schon von den Auswirkungen der Syphilis gekennzeichnet. Im Januar 1947 starb er in seiner 25 Räume großen Residenz in Miami an einem Schlaganfall.

Zum Kreis der prominen-

Burt Lancaster (sitzend) spielte in dem Thriller »Der Gefangene von Alcatraz« das Alter Ego von Robert Stroud, der wegen Mordes einsaß und mehrere wissenschaftliche Werke über ornithologische Themen verfasste.

»The Rock« nennen die Einwohner von San Francisco die ehemalige Gefängnisinsel Alcatraz - heute für Touristen ein »Thrill«, früher für Gangster wie Al Capone (unten), zu dessen Erkennungszeichen die Zigarre gehörte, knochenharter Gefängnisalltag.

ten Insassen gehörten auch der schießwütige Gangster Machine Gun Kelly sowie Frank Morris und die Gebrüder Anglin. Sie kopierten aus Gips und abgeschnittenen Haaren ihre Köpfe, legten sie stellvertretend in ihre Betten und gruben sich nachts durch den Belüftungsschacht ihrer Zellen nach draußen. In aus Regenmänteln angefertigten Flößen, die mit Hilfe eines alten Akkordeons aufgeblasen wurden, flüchteten sie über das trügerische Wasser der Bucht. Ob es ihnen als den einzigen Alcatraz-Flüchtlingen gelang, trotz der starken Strömungen und des kalten Wassers das rettende Ufer zu erreichen, ist bis heute eine umstrittene Frage.

Zu noch größerem Ruhm brachte es Robert Stroud, der wegen Mordes einsaß. Bevor er nach Alcatraz verlegt wurde, hatte er sich der Ornithologie verschrieben und einige vogelkundliche Werke verfasst. In Alcatraz selbst verbot man ihm sein Hobby. Während Stroud 1963 auf der Insel starb, erlangte sein Alter Ego im 1962 mit Burt Lancaster in der Hauptrolle gedrehten Film »Der Gefangene von Alcatraz« die Freiheit.

Im Jahr von Strouds Tod ließ der damalige Justizminister Robert Kennedy das berühmt-berüchtigte Gefängnis wegen der hohen Unterhaltskosten und der immer massiver werdenden Kritik an den Haftbedingungen schliessen. Heute wird die Insel vom National Park Service als eine der großen Touristenattraktionen von San Francisco verwaltet.

Steckbrief des FBI von 1962 - gesucht wird der Alcatraz-Ausbrecher Frank Lee Morris.

SCHLÜSSELDIENST

Der Gefängnisalltag auf der Insel Alcatraz war ein minutiös geplanter Vergeltungsfeldzug des Staates gegen diejenigen, die gegen seine Gesetze verstoßen hatten. Pünktlich um 6.30 Uhr wurden die Häftlinge von ihren Pritschen gescheucht und hatten bis um 6.55 Uhr Zeit sich zu waschen, anzuziehen und zum Morgenappell anzutreten. Um 7 Uhr gab es Frühstück, um 7.25 Uhr war Arbeitsbeginn je nach Einsatzort - in der Wäscherei, der Schusterei, im Garten oder in den Latrinen.

Nach dem Mittagessen standen nochmals drei Arbeitsstunden auf dem Tagesprogramm. Um 16.25 ging es zum Abendessen in den Speisesaal. Um 16.45 Uhr endete die bessere Hälfte des Tages in den spärlich ausgestatteten Zellen in der Monotonie der langen Nachtstunden, nur unterbrochen durch dreizehn Zählappelle der Wärter, hohl klingende Schritte auf den Fluren, Türenschlagen, Geklirre von Schlüsselbunden ...

Ein innerstädtischer Aussichtspunkt ist der nur 90 Meter hohe Telegraph Hill mit dem Coit Tower. Vom Observation Deck reicht der Blick in die Innenstadt und in die berühmte Lombard Street (Seite 49).

Die in der Sonne glitzernden Gleise der Cable Car-Linie führen die California Street entlang mitten durch die Innenstadt.

Cable Cars zu steuern, ist keine exklusive Männerangelegenheit. Auch Frauen chauffieren die Bahnen durch die Straßen von San Francisco.

Aus vielen Blickwinkeln in der Innenstadt sieht man die Transamerica Pyramide, das berühmte »Ausrufezeichen« der Stadt.

GOLDEN
VFW
8879

DER KALIFORNISCHE SCHMELZTIEGEL

Der Blick von den Twin Peaks auf San Francisco täuscht. Was wie eine von Außerirdischen brutal mitten durch den Häuserteppich gefräste Landepiste für Fliegende Untertassen aussieht, ist in Wahrheit die zentrale Geschäftsmeile Market Street, deren östliches Ende sich hinter den dicht zusammengedrängten Wolkenkratzern des Finanzdistriktes versteckt. Und was sich links und rechts der Market Street bis an das Ufer der Bucht an grauweißen Puzzleteilen zu einer Stadtlandschaft zusammensetzt, stellt höchstens aus der Vogelschau einen homogenen Ballungsraum dar. Auch demographisch ist San Francisco **alles andere als eine typisch amerikanische Stadt** nach gewohntem Strickmuster. Viel eher handelt es sich um einen abenteuerlichen menschlichen Flickenteppich, ein zufälliges Konglomerat von ethnischen Gruppen, unterschiedlichen Rassen, verschiedenen Weltanschauungen, Religionen, Sekten, sexuellen Präferenzen und Kulturen, ein unübersichtlicher Mikrokosmos, wie er außer vielleicht in Honolulu sonst nirgends auf amerikanischem Boden zu finden ist. San Francisco ist von allem ein bisschen und doch mehr als die Summe seiner einzelnen Facetten.

Seite 54/55:
Japanischer Kriegsveteran mit einer Fahne beim alljährlichen Kirschblütenfest in Japan Town, dem japanischen Viertel der Bay-Metropole.

Zu Beginn der 90er Jahre belief sich San Franciscos Bevölkerung auf 724 000 Menschen. Davon waren ca. 339 000 Weiße, 207 000 aus dem asiatischen und pazifischen Raum, 97 000 Latinos, 77 000 Schwarze und 4000 andere.

Die Mission San Francisco de Asis bildet den historischen Mittelpunkt des heutzutage lateinamerikanisch geprägten Mission Districts.

Die Ursachen für das faszinierende multikulturelle Gesicht der Stadt liegen in ihrer Geschichte. Bis ins letzte Viertel des 18. Jahrhunderts ausschließlich von Indianern bewohnt, 1776 von spanischen Franziskanermönchen in einen Missionsstandort verwandelt, seit 1821 von Mexikanern verwaltet und knapp 30 Jahre später von Amerikanern annektiert und in die amerikanische Union eingegliedert, wurde das Gebiet um das Goldene Tor in seiner jüngeren Vergangenheit von sehr unterschiedlichen Einflüssen geprägt. Die eigentliche Saat zum heutigen Charakter der Stadt legte aber der Goldrausch. Eine gewaltige Woge von Menschen aus aller

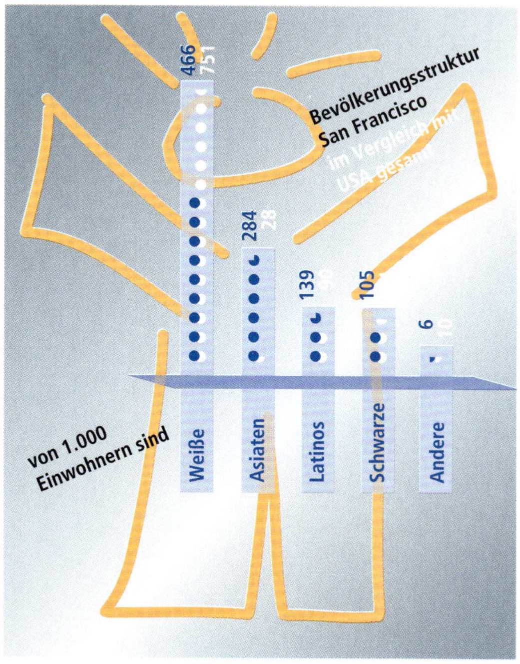

Herren Länder schlug damals über die Pazifikküste herein. Mit ihrer meist ärmlichen Habe schleppten die Neuankömmlinge nicht nur Spitzhacken, Masern und unerfüllte Träume in die erst im Entstehen begriffene Stadt, sondern auch ihre Sprache und Kultur, ihre Lebensart und ihre Mentalität. Jeder trug ein winziges Stückchen Heimat in seinem Gepäck und jeder hatte auf die eine oder andere Art Anteil daran, Gesicht und Wesen des Küstenfleckens mitzugestalten.

Zu den sehenswertesten Gebäuden von Chinatown zählt das Hauptquartier der Ying Labor and Marchand Benevolent Association in der Grant Avenue Nr. 745. Es entstand kurz nach dem großen Erdbeben von 1906 und die Fassade ist mit chinesischen Architektur- und Dekorelementen ausgestattet.

Nicht nur auf dem nordamerikanischen Kontinent, auch jenseits des Stillen Ozeans hatten sich die Nachrichten von den Goldfunden in der Sierra Nevada wie ein Lauffeuer verbreitet. Tausende von Chinesen, von Hungersnöten und den Auswirkungen der Opiumkriege 1840-42 und 1856 geplagt, kehrten ihrer Heimat den Rücken um in Kalifornien ihr Glück zu machen, als Goldgräber oder als Kuli bei den Eisenbahngesellschaften. Viele von ihnen kehrten aus den Bergwerken der Sierra Nevada oder nach Fertigstellung des transkontinentalen Schienenweges nach San Francisco zurück um dort in der Gemeinschaft mit anderen Landsleuten eine Existenz aufzubauen. Um die Dupont Street, die später in Grant Street umbenannt wurde und heute die zentrale Geschäftsstraße von Chinatown bildet, herrschte damals

ein fast unbeschreibliches Gedränge. Familien von fünf oder sechs Personen lebten, schliefen und arbeiteten in etwa 10 Quadratmeter großen Räumen. Vor den Häusern drängten sich Zigarrenverkäufer und Schuhputzer, Schuhmacher und Gemüsehändler mit ihren Miniaturständen aneinander. Qualmwolken von offenen Kochstellen hing in den schmalen Seitengassen und der Geruch

Multikultur zum Anfassen: beim Kirschblütenfest in Japan Town versammeln sich jedes Jahr Kinder unterschiedlicher Herkunft.

San Francisco bietet viel Sehenswertes von Architektur über Kultur bis zu Naturattraktionen. Zu den interessantesten Aspekten gehören aber die Menschen aus den unterschiedlichsten Nationen.

von gebratenem Fisch vermischte sich mit dem schalen Mief der Abwasser in den Rinnsteinen. Über den Straßen flatterte tropfende Wäsche von den Leinen und warf lange Schatten auf das geschäftige Treiben in den Häuserschluchten, das sich Chinatown nannte.

An der räumlichen Enge von Chinatown hat sich bis heute nicht viel verändert. Wie eh und je leben die Menschen in diesem Ameisenhaufen enger zusammen als sonstwo im amerikanischen Westen. Sie wären keine guten Geschäftsleute, hätten sie nicht schon längst das touristische Potential ihrer Gemeinde entdeckt. Kein Viertel der Stadt ist so gewissenhaft auf den Exotikbedarf der Besucher zugeschnitten wie Chinatown. Geschwungene Pagodendächer, zierliche Türmchen, bunte Wandmalereien, Straßenlaternen und Telefonzellen im Chinesen-Look und sogar Straßenschilder in Chinesisch sorgen für die touristische Einstimmung. Wer einen Blick in die weniger auffälligen Nebenstraßen wirft, stellt fest, dass es hinter den Kulissen weit weniger malerisch zugeht, als es ein Gang über die Grant Avenue auf den ersten Blick erscheinen lässt. Dort bleiben die Blicke an dekorativen Restaurants, voll gepfropften Krämerläden, appetitlichen Obstauslagen und abends an der Orgie von Leuchtreklamen hängen, welche die Häuserfronten in buntes Licht tauchen, während in den düsteren Nebenstraßen Frauen in Hinterzimmern über Nähmaschinen sitzen oder fromme, auf Papierstreifen gedruckte Wünsche in chinesische Glücksplätzchen wickeln.

Eine Trommlergruppe beim Kirschblütenfest in Japan Town.

Der Unterschied zwischen Chinatown und Japan Town, der japanischen Kolonie von San Francisco, entspricht etwa dem zwischen einer nach Knoblauch riechenden kantonesischen Garküche und einer elegant-coolen Sushi-Bar. Um die Jahrhundertwende kamen die ersten japanischen Einwanderer von den hawaiianischen Zuckerplantagen nach San Francisco. Sie und ihre Nachfahren sahen sich nach dem japanischen Überfall auf Pearl Harbor 1941 einer anti-japanischen Hysterie ausgesetzt. Viele wurden unter menschenunwürdigen Umständen in Lagern zusammengetrieben, ihr Besitz beschlagnahmt. So besteht Japan Town selbst heute noch nur

aus einigen wenigen, anonym wirkenden Straßenblocks, die in der Stadt kaum auffallen. Am lebhaftesten geht es im April beim traditionellen Kirschblütenfest zu.

Nach dem japanischen Überfall auf Pearl Harbor Ende 1941 wurden in San Francisco über 6000 Einwohner japanischer Herkunft »vorbeugend« interniert und bis 1944 in bewachten Camps gehalten.

In den sechziger Jahren machte der Stadtteil Haight-Ashbury als Hippieland und Mekka der amerikanischen Gegenkultur Furore. Damals formierte sich unter jungen Amerikanern der Widerstand gegen die herrschende Gesellschaftsordnung. Tausende hausten im ziemlich heruntergekommenen Stadtviertel in leer stehenden viktorianischen Häusern. Wo sich die jungen Leute - Erkennungsmerkmal langes Haar, wallende Gewänder, Sandalen und keine BHs - trafen, lag in der Regel die unverkennbare Duftnote von Marihuana über der Szene. Kommunen experimentierten mit damals noch legalem LSD als einer bewusstseinserweiternden Droge, schulten sich in fernöstlichen Religionen, Philosophien und Sexualpraktiken **und demonstrierten ihre Abscheu vor dem Establishment** auf jede nur erdenkbare Art zum Hintergrundsound von Jefferson Airplane und Grateful Dead.

Die Gegenwart hat Haight-Ashbury längst eingeholt, aber Spuren der sechziger Jahre existieren auch heute noch. Ein Insider beschrieb das Viertel als »archäologische Fundstätte, an der alle urbanen gesellschaftlichen Bewegungen der vergangenen 40 Jahre aufzuspüren sind«. Hier und da dekoriert ein psychedelisches Poster die Wand eines Cafés. Alt-Hippies haben Haarpracht und alternatives Outfit ins ausgehende 20. Jahrhundert herübergerettet und wandern durch die Straßenzüge wie die versprengten Überlebenden eines längst untergegangenen exotischen Stammes. Second-Hand-Buchläden führen zerfledderte Revoluzzerliteratur im Angebot. Auf magische Weise ist dem Viertel eine Spur von Gestrigem geblieben. Mancher Stadtteilstreuner findet sich unversehens vor dem Haus Nr. 710 in der Ashbury Street wieder, wo die 1965 gegründete Kultband

Auch nach dem Tod ihres legendären Band-Leaders Jerry Garcia existiert die Gruppe The Grateful Dead noch. Wer sich über die Stationen ihrer Auftritte informieren will, erfährt Näheres unter der Hotline Tel. 415-457-6388.

Hier und da finden sich im Stadtteil Haight Ashbury heute noch die Relikte der einstigen Hippie-Kultur, die schon in den ausgehenden sechziger Jahren verschwand.

Grateful Dead lebte, bis sie im Oktober 1967 in der umschlagenden Stimmung gegen die Hippie-Bewegung die Kündigung bekam. Manchmal taucht ein ehemaliger Flower-Power-Freak mit dem Walkman auf den Ohren und dem Sound von »Me and Bobby McGhee« in der Seele vor dem Haus in der Lyon Street Nr. 122 auf, in dem Janis Joplin ihr Chaos genoss. Auch Haus Nr. 2400 Fulton Street, wo die Gruppe Jefferson Airplane ihr Hauptquartier hatte, liegt auf dem legendären Flower-Power-Walk. Oder das Ashbury Tobacco Center in Nr. 1524 Haight Street, das Jimi Hendrix als Red House in einem seiner Songs verewigte.

In den sechziger Jahren durfte San Francisco mit Fug und Recht als Weltmittelpunkt der Hippie-Bewegung gelten - und als schwulste Stadt der Welt gleichermaßen. Die Flower-Power ist längst verwelkt, geblieben ist der Ruf der Stadt als

Mekka der Homosexuellen

Harvey Milk war der erste Schwule, der sich öffentlich als solcher bekannte und dennoch (oder gerade deswegen) im Jahre 1977 in ein öffentliches Amt gewählt wurde.

mit einem Bevölkerungsanteil von Schwulen und Lesben in Höhe von etwa 17 Prozent. Aber ganz spurlos ist der Zeitenwechsel auch an den Gays nicht vorbeigegangen. Ihr Paradeviertel Castro District bildete sich während des Zweiten Weltkrieges heraus, als zwischen 1941 und 1945 Millionen von männlichen und weiblichen Armeeangehörigen über den Hafen von San Francisco auf die Kriegsschauplätze im pazifischen Raum geschleust wurden. In den fünfziger Jahren war Kalifornien der ersten US-Bundesstaat, der die Einrichtung von Schwulenlokalen tolerierte, ohne allerdings auf eine wie eh und je repressive Polizeipolitik diesen Minderheiten gegenüber zu verzichten. Zur Gesellschaftsfähigkeit der Gays leisteten Literaten der Beat Generation wie Allen Ginsberg, Robert Duncan und Paul Mariah einen nicht unerheblichen Beitrag - ebenso wie die American Psychiatric Association, die Homosexualität 1973 von der Liste der Geistesstörungen strich. Schon ein Jahr zuvor war San Francisco die erste amerikanische Stadt, die eine berufliche Diskriminierung auf Grund von sexuellen Präferenzen gesetzlich verbot.

Als die ersten Läden der Blumenkinder in Haight Ashbury eröffnet wurden, gab es einige darunter mit einer besonderen Unternehmensphilosophie: »Bezahle so viel wie du hast.«

Zu den Begründern der Wandmalerei in San Francisco gehörte der mexikanische Künstler Diego Rivera, der in den dreißiger Jahren eine Zeitlang in der Stadt weilte.

Im Jahr 1982 veranstaltete San Francisco die erste Schwulen-Olympiade. Über 1 300 männliche und weibliche Teilnehmer gingen in 16 Einzeldisziplinen an den Start. Nachdem das Internationale Olympische Komitee erfolgreich einen Prozess angestrengt hatte, wurden spätere Veranstaltungen in Gay Games umbenannt.

Im Zuge der Bürgerrechtsbewegung und der Anti-Vietnam-Demonstrationen der sechziger Jahre forderten auch Schwule und Lesben ihre Bürgerrechte ein. Damals entwickelte sich der Castro Distrikt zu einem verschworenen Widerstandsnest gegen die intolerante Welt der Heteros - und zu einem Schaufenster schwuler Kunst, Kultur und Lebensart gleichermaßen. Das AIDS-Virus, das in der Stadt seit 1981 über 13 000 Opfer forderte, hat dem Stadtteil und seinen Bewohnern seither den Stempel aufgedrückt. Die Unbekümmertheit früherer Tage ist einer gewissen Ghettomentalität gewichen, kein Wunder in Anbetracht der Tatsache, dass quasi jede(r) hier Wohnende Tote zu betrauern hat.

Dass Veränderung die einzige Konstante im Leben ist, beweist auch der Mission Distrikt, der demographisch mehrmals »umgekrempelt« wurde, seit sich im späten 18. Jahrhundert die spanischen Franziskaner um die Mission Dolores niederließen. Zu weit vom Ufer der Bucht und damit vom Zentrum der urbanen Aktivitäten gelegen, ging die wirtschaftliche Entwicklung der Stadt während des 19. Jahrhunderts weitgehend am Mission Distrikt vorbei. Im frühen 20. Jahrhundert ließen sich in diesem sonnigen und trockenen Tal hauptsächlich irische Einwanderer nieder. Das Gesicht des Stadtteils begann sich seit den sechziger Jahren gründlich zu verändern, als immer mehr Latinos in diese Gegend zogen und den Mission Distrikt in eine lateinamerikanische Kleinstadt verwandelten. Heute stammt etwa die Hälfte der Einwohner aus El Salvador, Panama, Nicaragua, Kolumbien, Peru und Guatemala. Auf den Straßen und in den Geschäften dominiert Spanisch über Englisch und die Palmen entlang der Mission Street tragen ihren Teil zum geradezu unamerikanischen Flair der Straßenzüge bei. Wer noch nie nopales (Opuntienblätter) oder Kochbananen genossen hat, bekommt in den vielen preisgünstigen Restaurants die Gelegenheit.

»Die Stadt war London, Madrid, Quartier Latin links der Seine und nicht zuletzt schon Schanghai«, sagte der Schriftsteller Wolfgang Koeppen über San Franciscos multikulturelle Vergangenheit. Bekäme er heute den Mission Distrikt zu sehen, müsste er in seiner Aufzählung auch Managua und Bogotá erwähnen.

»Ich habe mich in San Francisco verliebt. Meine Freunde sagten mir, dass diese Stadt und Rom durch Charakter und Schönheit auffielen. Ich stimme ihnen von ganzem Herzen zu.«
Sir Alec Guiness

Die Gesichter von San Francisco. Die Stadt mit ihren unterschiedlichen Menschen lädt zum Flanieren und zum Zuschauen ein, selbst wenn es sich bloß um eine Schachpartie am Rande der Market Street handelt.

Am Embarcadero (oben) recken die alten Straßenlaternen ihre gusseisernen Arme in den Himmel, während sich im Castro-Viertel (unten) kleine Kneipen, Bars und Geschäfte aneinander drängen.

Das Stadtviertel South of Market Street ist in den neunziger Jahren mit den Yerba Buena Gardens zum neuen "hot spot" des Zentrums geworden. Die neuen Attraktionen locken auch jene an, die ihre Habe per Einkaufswagen durch die Stadt transportieren.

Vor einigen Jahren ließ sich auf den Bootsanlegestellen von Pier 39 eine Robbenkolonie nieder, die längst zur Sehenswürdigkeit geworden ist.

Pier 39 am östlichen Ende von Fisherman's Wharf wurden Geschäfte, Restaurants und Hotels gebaut, deren Äußeres durch grobe Holzbalken und Planken an die frühere Bebauung erinnert

Vor der Transamerica Pyramide beginnt mit der Columbus Avenue eine Straße, die quer durch den Stadtteil North Beach führt.

North Beach - früher von italienischen Einwanderern geprägt, hat sich das Viertel seine entsprechenden gastronomischen Akzente bis heute erhalten.

Der kalifornische Goldrausch

Wie die meisten Dramen fing auch dieses undramatisch an. Ein gewisser James Marshall hatte am 24. Januar 1848 den Bauplatz einer Sägemühle am American River 150 Meilen nordöstlich von San Francisco einer Inspektion unterzogen. Als er einem erst kurz zuvor ausgehobenen Graben entlangging, fielen ihm in der Sonne funkelnde Körnchen auf, die sich bei der näheren Untersuchung als Gold-Nuggets zu erkennen gaben. Der sensationelle Fund blieb nicht lange geheim. Die Neuigkeit sickerte in den Wochen danach bis an die Küste durch, allerdings ohne viel Staub aufzuwirbeln. Der Mormonenpionier Sam Brannan, ein Ladeninhaber und Zeitungsverleger in San Francisco, wollte es schließlich genau wissen. Er schlug sich auf eigene Faust bis zum American River durch und brachte die ersten Proben mit an die Küste zurück, nachdem er in Erwartung des Ansturmes auf die Fundstelle vor Ort einen Laden für die nötige Goldwäscherausrüstung aufgebaut hatte.

Die einfachste Art der Goldschürferei setzte als Handwerkszeug außer einer Goldwaschpfanne sowie Hacke und Schaufel nichts an technischem Gerät voraus. Individuelle Aktivitäten machten aber schon bald finanzkräftigen Gesellschaften Platz, die Maschinen einsetzten.

Mit einem Chininfläschchen voller Nuggets lief er die von Schlaglöchern übersäte Montgomery Street in San Francisco hinunter, fuchtelte wild mit seinem Hut in der Hand und schrie: »Gold! Gold vom American River!«

Die Stadt sollte danach nie wieder dieselbe sein. Barbiere warfen ihre Arbeitskittel in die Ecke, drückten Frau und Kinder ein letztes Mal ans Herz und verschwanden in den Ausläufern der fernen Sierra Nevada um ihr Glück in klaren Bergbächen und abgelegenen Tälern zu suchen. Bartender fanden nicht einmal mehr Zeit die benutzten Gläser vom Tresen zu räumen, ehe sie die Stadt Richtung Goldfelder verließen. Schuhmacher ließen Hammer und Ahle aus der Hand fallen und schlossen sich dem Zug derjenigen an, die mit Sack und Pack an den American River hetzten, den großen amerikanischen Traum vom schnellen Reichtum und bleibenden Glück vor Augen. Zwei Drittel der männlichen Bevölkerung der Stadt sah sich innerhalb weniger Stunden in einen Zustand versetzt, dem die Nachwelt den Namen Goldrausch gab.

Viele chinesische Einwanderer waren als Arbeitskräfte der Eisenbahngesellschaften in die USA geholt worden. Andere kamen aus eigenem Antrieb, um in der Sierra Nevada beim Goldschürfen ihr Glück zu versuchen.

Wegen der damals noch fehlenden Verkehrswege und Kommunikationsmittel dauerte es Monate, bis die Nachricht von den Goldfunden an die amerikanische Ostküste vordrang. In seiner Jahresbotschaft vor dem amerikanischen Kongress präsentierte US-Präsident Polk den staunenden Abgeordneten am 5. Dezember 1848 einen kleinen Beutel voller Gold vom American River. Mit der Verbreitung der Nachricht durch die amerikanischen Medien brach der ei-

gentliche kalifornische Goldrausch aus, der 1849 Zehntausende sogenannter Forty-Niners in die Goldfelder ziehen ließ - nicht nur Amerikaner, sondern Einwanderer aus aller Herren Länder, die San Franciscos bunt geschecktes Bevölkerungsmuster schon damals vorzeichneten.
Gewiss: es gab einige wenige, die sich bückten und ihr finanzielles Lebensglück in Händen hielten. Dem Gros der Goldsucher war aber ein anderes Los beschieden. Das, was sie durch Knochenarbeit aus Flussläufen und Bachbetten an Goldstaub und Goldkörnchen herauslasen, war in der Regel in Windeseile für Ausrüstung und Verpflegung ausgegeben oder in zwielichtigen Kneipen und Hurenhäusern verjubelt. Den wahren Reibach im Goldrausch machten die Händler, die sich ihre überteuerten Waren grandios bezahlen ließen. Eine einzige Scheibe Brot kostete damals am American River 1 Dollar, eine Wolldecke war unter 100 Dollar nicht zu bekommen und selbst für ein Dutzend Eier mussten etwa 50 Dollar hingeblättert werden.
Unter solchen Bedingungen hatten die meisten Goldgräber ihre Ersparnisse schon nach kurzer Zeit aufgebraucht. Vielen blieb nichts anderes übrig, als ärmer als zuvor in ihre Heimat zurückzukehren, sofern sie sich das überhaupt noch leisten konnten. Oder sich als billige Arbeitskraft bei einem der großen Bergbauunternehmen zu verdingen, die dem goldenen Innenleben der Sierra Nevada mit damals modernstem technischem Gerät zu Leibe rückten.

WER SOLL DAS BEZAHLEN

Wer 1849 in die kalifornischen Goldfelder ziehen wollte, musste sich dieses Unternehmen erst einmal leisten können. Ein Tagelöhner verdiente damals pro Tag etwa einen Dollar, ein Arbeiter in der Textilindustrie musste sich mit durchschnittlich 80 Cents zufrieden geben. Die Reise mit dem Dampfschiff von New York nach San Francisco inklusive Umsteigen am Isthmus von Panama belief sich auf etwa 375 Dollar. Etwas billiger war die Passage mit dem Segelschiff um Kap Horn für 250 Dollar. Am preisgünstigsten kamen die Überlandfahrer weg, die für eine knochenharte Tour mit dem Ochsengespann etwa 125 Dollar berappen mussten. Von England nach Kalifornien kostete eine Schiffspassage knapp 500 Dollar. Aus diesen Kostengründen befanden sich nur wenige ausgesprochen arme Schlucker unter den Goldgräbern, weil sie die Mittel für Transport und Ausrüstung erst gar nicht aufbringen konnten.

Der hydraulische Bergbau, bei dem ganze Hügelflanken mit Wasserkraft abgetragen wurden, richtete mancherorts in der Sierra Nevada gewaltige Umweltschäden an, die zum Teil heute noch sichtbar sind.

Die »klassische« Goldwäscherei mit Pickel, Schaufel und Sieb war die einfachste Methode, um den verborgenen Schätzen zu Leibe zu Rücken.

Seite 72/73:
Vom Pier 17 fällt der Blick auf das abendliche San Francisco, das sich nach Sonnenuntergang in seine glitzernde Abendrobe hüllt.

Angeln ist eine amerikanische Leidenschaft. Das gilt auch für die Bevölkerung von San Francisco. Am Pier 17 ist immer etwas los. Wer sich weniger für die Schätze der Bucht interessiert, genießt den Blick auf die Landschaft.

Die japanische Kolonie von San Francisco führt das Jahr über ein ziemlich unauffälliges Dasein.
Das ändert sich mit dem traditionellen Kirschblütenfest im Frühjahr, wenn bunt kostümierte Paraden in den Straßenzügen von Japan Town stattfinden und für die Liebhaber von japanischen Gaumenfreuden das schönste Fest des Jahres veranstaltet wird.

龍
馬
HAPPY HOLIDAYS
HAPPY HOLIDAYS
Welcome to Chinatown
Welcome to Chinatown
HAPPY HOLIDAYS
參
CO.
CAMERA SHOP
AIWA
PAL-SECAM-NTSC
NO PARKING
HONG KONG

Chinatown im Farbentaumel. Über der zentralen Grant Street flattern bunte Stofftransparente im Wind. Selbst die Straßenlaternen präsentieren sich im China-Look, von den mit Pagodenaufsätzen und anderen architektonischen Elementen geschmückten Gebäuden einmal abgesehen. Auf dem Portsmouth Square sitzen die Alten im Schatten der Bäume und lauschen der Grunddünung der niemals schlafenden Stadt.

»WEISSE AKROPOLIS AM BLAUEN PAZIFIKHIMMEL«

Im Jahre 1979 fand auf der taufeuchten Rasenfläche des Washington Square im Stadtteil North Beach eine kleine, von den Medien nur am Rande vermerkte Zeremonie statt. Arbeiter entnahmen dem Betonsockel eines Benjamin Franklin-Denkmals eine exakt 100 Jahre zuvor vermauerte Kapsel mit frommen Sprüchen. Um den Brauch nicht abreißen zu lassen, füllten die Organisatoren die Schatulle mit drei neuen Zeitdokumenten, die im Jahre 2079 entnommen werden sollen: eine Flasche Wein, ein Paar Levis-Jeans und ein auf Band gesprochenen Gedicht des damals wohl bekanntesten Literaten und Verlegers der Stadt, Lawrence Ferlinghetti.

Die erste Oper wurde in San Francisco bereits im Jahre 1851 aufgeführt. Danach dauerte es aber noch bis 1932, ehe mit dem Opera House eine ständige Einrichtung für solche Darbietungen geschaffen war. Die neue Oper wurde im selben Jahr mit einer Tosca-Aufführung eröffnet.

Für manche Stadtbesucher ist die Bay-Metropole eine große, lebendige Open-Air-Galerie in Anbetracht etwa des vom französischen Künstler Jean Dubuffet gestalteten Brunnens (unten) oder des in jüngster Vergangenheit restaurierten Palace of the Legion of Honor im Lincoln Park (oben).

Das war eine Hommage nicht nur an Ferlinghetti persönlich, sondern an die Literaten der Beat Generation der fünfziger Jahre, denen sich der Schriftsteller zurechnete. San Francisco wusste aber schon lange zuvor, was es seinen Kulturschöpfern schuldig war - und umgekehrt. An Weihnachten 1910 weilte die italienische Operndiva Luisa Tetrazzini in der Stadt, die der Öffentlichkeit einen Live-Auftritt auf der Market Street versprochen hatte. Vor dem Gebäude des »San Francisco Chronicle« ließ die Stadtverwaltung in aller Eile eine behelfsmäßige Bühne für die Sängerin und das begleitende Orchester errichten, um die sich am besagten Abend die angrenzenden Straßen mit Menschen zu füllen begannen. Dann erschien Luisa Tetrazzini am Arm von Bürgermeister McCarthy, in einem knöchellangen, wallenden Gewand, auf das Tausende funkelnder Glasplättchen aufgenäht waren, eine Boa aus weißen Straußenfedern um den Hals. Die 36jährige Künstlerin befand sich damals auf dem Zenit ihrer Laufbahn. Als ihre kristallklare

Seite 80/81:
Der Mission District gehört zu den buntesten Stadtteilen von San Francisco. Das bezieht sich nicht nur auf die vielen Wandmalereien dieser Gegend, sondern auch auf die Bevölkerung, die zu einem hohen Anteil aus mittel- und südamerikanischen Ländern stammt.

Stimme zu »I Would Linger in This Dream« anhob, brach ein unbeschreiblicher Beifall aus, der von den Fassaden der umliegenden Geschäftshäuser widerhallte wie von den Rängen eines riesigen Amphitheaters.

Schätzungsweise 200 000 Menschen kamen zu diesem Weihnachtskonzert, das nicht nur wegen des Schauplatzes aus dem Rahmen fiel. San Francisco war in der damaligen Aufbauphase nach dem großen Erdbeben ebenso wenig ein Mekka der klassischen Musik wie heute. Eher pflegte die Stadt ein Verhältnis mit der literarischen Kunst, das ihr quasi durch ihre abenteuerliche Geschichte und etwa ihre legendenumwobene Goldrauschvergangenheit in die Wiege gelegt war.

»San Francisco stellt für mich eine Art Wiege des amerikanischen Theaters dar wegen jener Einwohner, die es auf der Bühne zu Ruhm und Ansehen brachten.«
Spencer Tracy (Schauspieler)

»Jeder Häuserblock ist eine Kurzgeschichte, jeder Hügel ein Roman. Jedes Haus ein Gedicht, jeder Bewohner darin unsterblich«, schrieb der in Fresno im Central Valley als Sohn armenischer Eltern geborene Schriftsteller William Saroyan über seine Wahlheimat am Goldenen Tor. Viele andere Schriftsteller und Poeten sahen das ähnlich.

Eine der ersten Berühmtheiten der Stadt war ein gewisser Samuel Langhorne Clemens, der in den sechziger Jahren des 19. Jahrhunderts nach San Francisco kam und eine Zeitlang für ein Lokalblatt schrieb. Später legte er sich das Pseudonym Mark Twain zu, unter dem er es zu Weltruhm brachte. Sein Erfolg gründete sich auch darauf, dass er ein guter Zuhörer war und seine literarischen Werke durch das bereicherte, was er zu hören bekam. So stützt sich seine Geschichte »Der berühmte springende Frosch von Calaveras County« auf die Erzählungen der Goldschürfer von Angel's Camp am Westhang der Sierra Nevada, denen der Autor einen Besuch

»Ich entbiete der alten Stadt ein freundliches, aber kein trauriges Lebewohl; denn ich weiß, dass wenn ich diese Heimat wiedersehe, die über sie gekommenen Veränderungen kein Gefühl der Traurigkeit werden aufkommen lassen.«
Mark Twain beim Abschied von San Francisco 1866

Zu den kulturellen Hauptmagneten der Stadt hat sich in den neunziger Jahren das neue Museum of Modern Art im Stadtteil South of Market entwickelt.

abstattete. Auch in San Francisco selbst sollte sich Twains Kneipenleidenschaft bezahlt machen. Im legendären Literatentreff Exchange Saloon lernte er den Besitzer eines türkischen Bades kennen, von dem er sich den Namen für eine seiner bekanntesten literarischen Figuren entlieh: Tom Sawyer.

Bereits einige Jahre vor Twain war Bret Harte von Albany im Bundesstaat New York über Nicaragua nach Kalifornien gekommen. Im Jahre 1860 ließ er sich in San Francisco nieder, das er als »heitere und vom Schicksal ungerührte« Stadt bezeichnete. Um sich seinen Lebensunterhalt zu verdienen, begann er für die Zeitschrift »Golden Era« zu arbeiten, zunächst als Setzer, dann als Autor. Seine Themen (wie hätte es damals auch anders sein können):

Goldrauschgeschichten,

die ihn zu einem der meistgelesenen Schriftsteller des Westens machten. Für »Golden Era« arbeitete auch Ambrose Bierce, der später als scharfzüngiger und vor allem zynischer Kolumnist des »San Francisco Examiner« hervortrat. In seinem »Wörterbuch des Teufels« führte er Stichwörter auf, die er in seiner eigenen, unverkennbaren Art erläuterte. Liebe etwa definierte der Autor als »eine vorrübergehende Geisteskrankheit, die entweder durch Heirat kuriert werden kann oder durch die Entfernung des Patienten von den Einflüssen, unter denen er sich die Krankheit zugezogen hat«. In ziemlich rüdem Ton ließ er sich über seine Heimatstadt aus, die er als »Paradies der Ignoranz, der Anarchie und der allgemeinen Feigheit« bezeichnete. Aber die Stadt am Goldenen Tor hatte nicht nur ihre bissigen Kritiker, sondern auch Fürsprecher wie Robert Frost, der zwar zu einem der populärsten Dichter Neuenglands wurde, aber aus San Francisco stammte und seine Geburtsstadt zeitlebens hoch in Ehren hielt. Und auch solche Söhne besaß sie, die sich - aus welchen Gründen auch immer - gar nicht mit ihr beschäftigten wie etwa Jack London, der seine Abenteuer nicht in seinem Geburtsort, sondern in der Wildnis Alaskas und auf den Weltmeeren suchte.

»Luft: Eine nahrhafte Substanz, welche die Vorsehung großzügigerweise zur Sättigung der Armen zur Verfügung stellt.«
Ambrose Bierce
(Wörterbuch des Teufels)

Den entgegengesetzten Weg von Robert Frost ging Dashiel Hammett. Er kehrte der amerikanischen Ostküste Ende der zwanziger Jahre den Rücken um sich als Detektiv der berühmten Agentur Pinkerton in San Francisco niederzulassen. Aber seine Tage als Schnüffler waren wegen seiner Tuberkulose gezählt, die ihn für den Knochenjob untauglich machte. Eine Zeitlang wohnte er im Sir Francis Drake Hotel am Union Square. In zahlreichen Geschichten tauchte die Unterkunft später als Hintergrundkulisse auf, so auch in seinem wohl berühmtesten Roman »Der Malteser Falke«, später verfilmt mit Humphrey Bogart. In diesem wie in anderen Werken lässt Hammett seine wortkarge, abgerissene Hauptfigur Sam Spade im trüben, korrupten Großstadtmilieu ermitteln und schuf damit gewissermaßen ein völlig neues Genre und einen neuen, präzisen, lakonischen Schreibstil dazu, der auch Ernest Hemingway beeinflussen sollte.

»Wo die Bush Street über die Stockton Street führt, ehe sie nach Chinatown hinabgleitet, zahlte Spade sein Fahrgeld und stieg aus dem Taxi. San Franciscos Nachtnebel, dünn, klamm und durchdringend, verwischte die Straßenkonturen.«
Dashiell Hammett
(Der Malteser Falke)

Zu Hammetts Zeiten kam ein anderer Künstler nach San Francisco, der sich ähnlich wie er dem nüchternen Realismus verschrieben hatte, seine Werke aber nicht in Buchstaben und Sätze prägte, sondern mit Pinsel

Öffentliche Kunst ist in Form von Wandgemälden hauptsächlich im Mission District »ausgestellt«.

und Farbe auf Hausmauern auftrug. Der Einfluss des mexikanischen Wandmalers Diego Rivera, der sich von 1930 bis 1934 in den USA aufhielt, ist in den Straßen von San Francisco heute noch sichtbar. Er begründete eine bis in die Gegenwart gepflegte

Der mexikanische Maler Diego Rivera (1886-1957) gilt neben Orozco und Siqueiros zu den Pionieren der modernen mexikanischen Malerei. Er studierte zunächst in Mexiko-Stadt, kam dann nach Paris und lernte bei einem Italienaufenthalt die Freskenmalerei der italienischen Renaissance kennen. 1921 kehrte er in seine Heimat zurück und bekam von der Regierung zahlreiche Aufträge für Malereien an öffentlichen Gebäuden.

Tradition großflächiger Malereien,

die ursprünglich als politische Kunst verstanden sein wollten und diesen Charakter zum Teil bis in die heutige Zeit behielten. Während der Weltwirtschaftskrise der dreißiger Jahre rief der damalige US-Präsident Roosevelt ein Programm zur Förderung öffentlicher Kunst ins Leben, das in Amerika lebenden Malern Aufträge verschaffte. Davon profitierte in San Francisco eine Gruppe von gut zwei Dutzend Künstlern, welche die Lobby des Coit Tower auf dem Telegraph Hill im Jahr 1934 mit Fresken ausstatteten. Thema der Wandbilder: das kalifornische Arbeitsleben der damaligen Zeit. Jeder der Künstler erhielt ein monatliches Gehalt von 94 Dollar während der knapp neunmonatigen Schaffensperiode. Als die Galerie fertig gestellt war, wurden Stimmen laut, die in der Wandkunst subversive Aussagen entdecken wollten. Just zu diesem Zeitpunkt steuerte die Stadt auf eine ihrer großen Krisen zu, nachdem die Polizei am »blutigen Donnerstag« zwei Gewerkschaftsmitglieder erschossen und damit einen viertägigen Generalstreik heraufbeschworen hatte. Die städtische Kunstkommission beschloss die provokative Galerie im Coit Tower für die Öffentlichkeit zu schließen, bis sich die Gemüter wieder beruhigt hatten. Wenige Monate später siegte San Franciscos Toleranz: die Wandgemälde durften bleiben wie sie waren, mit einer Ausnahme: das kommunistische Emblem Hammer und Sichel musste von einem Bild entfernt werden.

In keinem Viertel von San Francisco sind die Hauswände mit so vielen überdimensionalen Gemälden geschmückt wie im Mission District.

Von Fisherman's Wharf reicht der Blick auf den Telegraph Hill im Stadtteil North Beach mit dem lohnenden Aussichtsturm Coit Tower.

Die dreißiger Jahre waren eine Zeit, in der ein neues Medium, ausgehend vom Stadtteil Hollywood in Los Angeles, seinen Eroberungsfeldzug begann: der Film. Entscheidend für den Durchbruch waren zwei Erfindungen: einmal der Tonfilm, zum anderen der Farbfilm, zu

An dieser Stelle bei Fort Point unterhalb der Golden Gate Bridge unternahm Kim Novak im Hitchcock-Thriller »Vertigo« einen Selbstmordversuch und wurde von James Stewart gerettet.

dessen Pionieren Walt Disney gehört hatte. Schon vor dem Ersten Weltkrieg spulten in der Bay-Metropole die ersten Regisseure ihre Streifen ab. Seit damals wurde San Francisco mit seiner Skyline, mit der Golden Gate Bridge oder anderen seiner Wahrzeichen **tausendfach auf Zelluloid gebannt** und nicht selten als Symbol Amerikas schlechthin. Einer der ersten prominenten Regisseure, die sich Hals über Kopf in San Francisco als Drehort verliebten, war Alfred Hitchcock. Nob Hill, der Palace of the Legion of Honor, der Friedhof der Mission Dolores und Fort Point unterhalb der Golden Gate-Brücke sind Schauplätze, die der Meister des Grauens in »Vertigo« ins rechte Licht rückte.

»Der kälteste Winter, den ich je erlebt habe, war ein Sommer in San Francisco.« (Zitat aus dem Film »Nur 48 Stunden« mit Annette O'Toole und Nick Nolte)

Zu einem der ersten filmischen »Reiseführer« über die Bay-Metropole wurde die 1972 gestartete TV-Serie »Die Straßen von San Francisco«, in der Karl Malden und Michael Douglas ihre kriminalistischen Spürnasen beweisen und dem staunenden Fernsehpublikum gleichzeitig die hinreißende Stadt am Goldenen Tor vorführen durften. Unter dem Namen St. Gregory's diente das Fairmont Hotel auf dem Nob Hill später als Schauplatz der ebenfalls im Fernsehen ausgestrahlten Serie »Hotel«. »Bullitt« mit Steve McQueen, »Dirty Harry« und »Calahan« mit Clint Eastwood sowie »Is' was, Doc?« mit Barbara Streisand zählen zu weiteren cineastischen Produktionen, die sich der durchschlagenden Kulissenwirkung von San Francisco sicher sein durften. Im einen oder anderen Fall liegt sogar die Vermutung nahe, dass die Filmemacher weniger auf die Attraktivität des Filmstoffes als vielmehr auf die verführerische Wirkung des Schauplatzes setzten. Schließlich wäre die »weiße Akropolis am blauen Pazifikhimmel«, wie John Steinbeck die Stadt nannte, nicht der erste Komparse gewesen, der einen Hauptdarsteller ziemlich schlecht aussehen ließ.

Die Basilica of San Francisco mit ihren mit Bauschmuck fast überfrachteten Türmen entstand im Jahre 1913 neben der ursprünglichen Mission Dolores.

Die von einer Kuppel überwölbte Glasfassade des Kaufhauses Neimann Marcus gehört zu den auffallendsten kommerziellen Bauten der Stadt.

Auf dem Union Square erinnert eine Säule (oben) an den Sieg der amerikanischen Flotte in der Schlacht von Manila im Amerikanisch-Spanischen Krieg 1898.

Downtown San Francisco besteht aus langen, zwischen Wolkenkratzern eingeklemmten Straßenzügen, aber auch aus freundlichen Plätzen, die zum Verweilen einladen.

Seite 92/93:
Der riesige, in den neunziger Jahren eröffnete Komplex der Yerba Buena Gardens veränderte das Gesicht des Stadtteils South of Market Street völlig. Er besteht nicht nur aus Parkanlagen und Straßencafés, sondern auch mehreren kulturellen Einrichtungen.

WELLS FARGO BANK
WELLS FARGO BANK
I believe that the day will come when all God's children
from bass black to treble white will be significant
on the constitution's keyboard.

Der Golden Gate Park mit seinen vielfältigen Einrichtungen ist den Einwohnern der Stadt schon längst ans Herz gewachsen. Während der japanische Teegarten einen Ort der Ruhe und Besinnung bildet, präsentiert sich das viktorianische Conservatory als das wohl schönste Treibhaus an der Westküste.

Weitab vom zum Teil hektischen Stadtleben lädt der japanische Teegarten im Golden Gate Park zum beschaulichen Verweilen ein. Im Teehaus servieren in Kimonos gekleidete Japanerinnen grünen Tee und duftenden Jasmintee.

金門苑

Flower-Power - im LSD-Rausch verwelkt

Januar 1966. Schon seit einigen Jahren köchelt der Jugend- und Studentenprotest an der San Francisco Bay. An der Berkeley University begehren die jungen Leute im Oktober 1964 gegen die Verhaftung von zahlreichen Kommilitonen auf, denen die Leitung der Universität das Recht auf freie Meinungsäußerung streitig macht.

Der Protest bekommt eine immer breitere Basis, als sich der Aufstand der Jugend auch gegen das militärische Engagement der USA in Vietnam zu richten beginnt. Bei Friedensmärschen, Teach-ins und Sit-ins versammeln sich mehr und mehr all jene, die den Widerstand nicht nur gegen den Krieg in Fernost an ihre Fahnen geheftet haben, sondern sich gegen die ständig verbreiternde soziale Kluft zwischen Arm und Reich wenden und eine partizipatorische Demokratie einfordern.

Zu Beginn des Jahres 1966 veranstaltet der Schriftsteller Ken Kesey in der Longshoreman's Hall in der Nähe von Fisherman's Wharf ein von psychedelischer Rockmusik und einlullenden Lightshows garniertes Festival, das heute wahrscheinlich die größte Massenverhaftung aller Zeiten nach sich ziehen würde.

Tausende kommen zu diesem Kulturereignis, bei dem der Literat seine Gäste ungestraft in aller Öffentlichkeit zum Drogengebrauch ermuntert. Er weiß, wovon er redet. Einige Jahre zuvor hat er als Psychiatrie-Gehilfe freiwillig an einem staatlichen Programm teilgenommen, bei dem von der US-Regierung bestellte Wissenschaftler den Auswirkungen von Drogen wie etwa LSD auf das menschliche Verhalten und Bewusstsein auf die Spur zu kommen hofften.

Seine damaligen Erfahrungen bilden den Stoff des Romans »Einer flog über das Kuckucksnest«, den Kesey 1962 veröffentlichte. Dieses Buch und sein zwei Jahre später erschienener Roman »Manchmal ein großes Verlangen« werden zum kultischen Lesestoff einer Jugendbewegung, deren Mitglieder bei Keseys Festival erstmals als Hippies bezeichnet werden. »Hip« bedeutet im Englischen »eingeweiht« oder »unter Drogeneinfluss stehend«. Zumindest die zweite Variante trifft beim Festival zu.

Dem Kesey-Festival folgen andere öffentliche Konzerte, bei denen der Acid Rock der Gruppe Grateful Dead, die Musik von Jefferson Airplane, Janis Joplin oder der ›San Francisco Sound‹ einer der restlichen über tausend Bands des Gebietes um die Bay-Metropole den akustischen Hintergrund bilden. Die Hippies lassen sich vorzugsweise im Stadtteil Haight-Ashbury nieder, wo sie eine bunte Kleider tragende und nach fernöstlichen Philosophien lechzende Kolonie bilden, die mit den materiellen

Die tolerante Einstellung gegenüber Abweichungen von der Norm geht in San Francisco vermutlich auf die Ära des Goldrausches zurück. Damals strömten in die sich entwickelnde Stadt massenhaft Sonderlinge und Einzelgänger, die sich in ihren Lebensweisen gegenseitig zu respektieren lernten.

Im August 1969 fand in Woodstock im Bundesstaat New York ein legendäres Rockfestival statt, bei dem der Hippie-Kult samt Flower Power nochmals einen Höhepunkt erlebte.

Zu den legendären Interpreten der Flower Power-Zeit gehörte Janis Joplin, die eine Zeitlang im Stadtteil Haight Ashbury wohnte.

Bedürfnissen ihrer Elterngeneration nichts zu tun haben will. Während etwa in Berkeley die Abwendung der radikalen Studenten vom Establishment politisch motiviert ist, wetteifern die politisch größtenteils uninteressierten »revolutionären Alchemisten« (Norman Mailer) der Hippie-Bewegung um einen von freier Liebe und Spontaneität geprägten Lebensstil in Kommunen und verschaffen der utopischen Tradition Amerikas eine Renaissance. Der Golden Gate Park gerät zur Open Air-Bühne für die Hippie-Anhänger, die aus ganz Amerika nach San Francisco strömen, beseelt vom Traum einer Welt ohne Krieg und Armut, bekifft vom Marihuana und stoned von anderen Halluzinogenen.

Im Jahr 1967 wird San Francisco im Summer of Love von etwa 75.000 Blumenkindern überschwemmt, die aus aller Welt zum letzten großen Fest der Hippie-Bewegung anreisen. Ein knappes Jahr zuvor, am 6. Oktober 1966, hat der Staat Kalifornien die Droge LSD verboten und damit einen Großteil der Einwohner von Haight-Ashbury zu Outlaws gestempelt. Organisierte Dealer haben den Stadtteil bis dahin in einen gefährlichen Drogenkampf verwickelt. Ein am 6. Oktober 1967 veranstalteter ›Hippie-Todes-marsch‹ ist nur ein äußeres Zeichen für den Untergang der Flower-Power-Bewegung.

Nur eine von den vielen Berühmtheiten, die beim Woodstock-Festival im Jahr 1969 auftraten: Jimi Hendrix.

Als Folge des unkontrollierten Drogenkonsums in Haight Ashbury während der Hippie-Ära herrschte in diesem Stadtteil nach Ansicht von Ärzten der größte medizinische Notstand seit dem großen Erdbeben von 1906. Überdosen, Infektionen und Selbstverstümmelungen waren an der Tagesordnung.

KULTFIGUREN

Mag die ›Macht der Blumen‹ auch schnell verwelkt sein – ganz ohne kulturelle Auswirkungen bleibt die Hippie-Bewegung nicht. Alternative Lebensformen finden im ganzen Land, ja, auch außerhalb der Grenzen Amerikas, seit damals einen beträchtlichen Auftrieb. Auch gewinnen Denkweisen an Boden, die eine Bereitschaft erkennen lassen, harsches Wettbewerbsverhalten innerhalb einer ›Ellbogengesellschaft‹ eher gegen Miteinander- und Leben-und-Lebenlassen-Strategien einzutauschen. Unbestreitbar ist auch der lang anhaltende Einfluss des San Francisco Sound und dessen kommerziellen Potentials auf die Rock- und Popgeschichte. Dass Interpreten wie etwa Janis Joplin und Gruppen wie Santana oder The Grateful Dead bis heute nicht vergessen sind, bewies einmal mehr das Begräbnis des Bandleaders der Dead, Jerry Garcia, 1995 in San Francisco, als Tausende ehemaliger Blumenkinder ihrer Kultfigur das letzte Geleit gaben.

MARIJUANA

Die Bay-Area
um San Francisco war
schon immer ein Refugium
für »echte« und
Möchtegern-Künstler,
die sich im liberalen
Flair der Stadt nach Lust
und Laune betätigen
konnten.

Kunst oder Kitsch? Viele Wandgemälde, die im Mission District ganze Häuser in »Galeriestücke« verwandeln, werfen diese Frage auf.

IM DUN

Als Bauarbeiter vor einigen Jahrzehnten an der Ecke Broadway und Kearny Street in der Erde buddelten, staunten sie nicht schlecht über Knochenreste, die plötzlich auf ihren Schaufeln lagen. Wissenschaftler der University of California wurden zu Rate gezogen und identifizierten den seltsamen Fund als sterbliche Überreste eines Ur-Faultiers. Vor mehreren hunderttausend Jahren war die längst ausgestorbene Art zusammen mit Herden von Ur-Kamelen, Pferden, Bisons und Mammuts im Gebiet der Bucht von San Francisco heimisch, damals ein breites Tal mit Grasflächen und Wäldchen aus Douglasien. Klimaveränderungen am Ende der amerikanischen Eiszeiten hoben durch Abschmelzen der Eispakete den Meeresspiegel immer weiter an, bis schließlich Meerwasser durch das Goldene Tor eindrang und die küstennahen Tallandschaften in Meeresbuchten verwandelte.

Blick von den Twin Peaks zur Golden Gate Bridge

Seite 104/105: Die Oakland Bay Bridge zwischen San Francisco und Oakland an der östlichen Bucht ist zwar ungefähr genauso alt und genauso wichtig wie die Golden Gate Bridge, hat aber nie die legendäre Reputation des »Wahrzeichens« der Stadt erreicht.

Diese Vorstellung berührt einen auf eigenartige Weise, wenn man über die Golden Gate Bridge nach Marin County hinüberfährt, die gewaltige Bucht von San Francisco zur Rechten, in der zwei ehemalige Hügelspitzen die Inseln Alcatraz und Angel Island bilden. Der bergige Landstrich

jenseits der Brücke

gilt den Großstädtern längst als beliebtes Naherholungsgebiet. Zahlreiche kleinere Ortschaften mit herausgeputzten Villen zeigen aber auch, dass Marin County seit seiner Entdeckung durch die Hippies in den sechziger Jahre mit seinen außergewöhnlichen landschaftlichen Reizen längst auch andere, die Reichen der Gesellschaft, auf sich aufmerksam gemacht hat. Filmregisseure, Künstler und Kulturschaffende, denen San Francisco zu eng oder zu urban wurde, ließen sich an den Flanken des Mount Tamalpais oder entlang dem traumhaften Highway 1 in großstadtnahen und doch ländlich entrückten Refugien nieder.

Marin County, der am nördlichen Ende der Golden Gate Bridge beginnende Landkreis, ist nicht nur durch seine natürliche Schönheit bekannt geworden. Längst haben sich diejenigen, die es sich leisten können, dort ihre privaten Refugien errichtet - häufig nur wenige Autominuten vom Stadtzentrum entfernt.

Arche Noah-Geschichten drängen sich am nördlichen Ortsende von Sausalito angesichts der Hausbootsiedlung am Waldo Point auf. In Wahrheit entstand das schwimmende Dorf aber erst nach dem Zweiten Weltkrieg. Die während des Krieges auf Hochtouren produzierenden Werften hatten nach 1945 plötzlich keine Aufträge mehr. Hippies und Stadtaussteiger zimmerten sich aus dem in Hülle und Fülle vorhandenen

Baumaterial zum Teil abstruse Bleiben zusammen, die sich am Ufer der Bucht verankert, nach und nach zu einer ziemlich ausgeflippten Kolonie entwickelten. In dieses nonkonformistische Bild passte auch die Tatsache, dass Sausalito in den siebziger Jahren von der Bürgermeisterin Sally Stanford verwaltet wurde, die zuvor jahrelang die nobelsten Bordelle von San Francisco unter ihrer Fuchtel gehabt hatte. Vom unkonventionellen Sausalito ist heutzutage nicht mehr viel übrig. Malerisch gelegen und mit hübschen Häusern ausgestattet, hat sich der stadtnahe Ausflugsort mit Haut und Haaren dem Kommerz verschrieben.

Die Hausbootkolonie am Waldo Point in Sausalito bietet Anschauungsunterricht in Sachen alternative Lebensweise.

Wann exakt die Weinproduktion in der Region um die nördliche San Francisco Bay begann, ist nicht bekannt. Aber wahrscheinlich unternahmen schon die ersten Franziskanerpatres in den 20er Jahren des 19. Jahrhunderts Versuche, dort Reben heimisch zu machen.

Am nördlichen Ende der Bucht dehnt sich über zwei parallel verlaufende Täler das ›Burgund von Kalifornien‹ aus. Vor fast 150 Jahren kelterten dort aus Europa stammende Einwanderer den ersten Rebensaft um daraus Wein herzustellen. Seit damals sind das Sonoma und das Napa Valley mit über 200 Winzerbetrieben zum Synonym für kalifornische Spitzenweine geworden. Durch das Küstengebirge von den maritimen Wettereinflüssen abgeriegelt, gedeihen auf den vulkanischen, sonnenwarmen Hügeln des Wine Country die unbestreitbar besten Tropfen des Landes. Quantitativ bleibt das Tälerduo mit etwa 5 Prozent der kalifornischen Trauben weit hinter den Großproduzenten des Central Valley zurück. Eine Probiertour beginnt man am besten im historischen Städtchen Sonoma, dessen zentrale Plaza von zum Teil aus dem 19. Jahrhundert stammenden, zweigeschossigen Häusern mit schönen Adobefassaden eingerahmt wird. Spanische Franziskanermönche bauten dort 1823 mit der Mission San Francisco Solano de Sonoma die nördlichste der insgesamt 21 kalifornischen Missionsstationen auf, die durch den in San Diego beginnenden Camino Real miteinander verbunden waren. Bereits zehn Jahre später wurde die Mission ebenso wie die restlichen Stationen durch Mexiko säkularisiert.

Im Sonoma und Napa Valley bieten zahlreiche Weingüter Gelegenheit zur Besichtigung und zum Probieren wie etwa die Buena Vista Carneros Winery in Sonoma oder die großen Winzerbetriebe um St. Helena und Napa im Napa Valley.

Wild romantisch und naturbelassen zeigt sich die pazifische Steilküste im Süden von San Francisco entlang dem legendären Highway 1.

Einen Platz in den Annalen der Geschichte des amerikanischen Westens sicherte dem Städtchen eine Gruppe amerikanischer Siedler unter der Führung des Entdeckers John Fremont. Im Jahre 1846, als sich die USA bereits im Krieg mit Mexiko befanden, überfielen sie den mexikanischen Armeeposten in Sonoma, steckten den mexikanischen General Vallejo ins Gefängnis und zogen eine Flagge mit einem Grizzly-Bären als Zeichen der Gründung der unabhängigen Republik Kalifornien auf. Der Spuk der sogenannten Bärenflaggen-Revolte dauerte nur drei Wochen, ehe in Monterey und San Francisco amerikanische Truppen landeten und Kalifornien de facto von den USA annektiert wurde.

Die eleganteste Weise, die Küste um San Francisco zu erforschen: mit dem Segelboot.

Friedvollere Erinnerungen schürt der einige Meilen weiter nördlich bei Glen Allen liegende Jack London State Park. San Franciscos weltberühmter Sohn verbrachte in diesem abgelegenen Winkel zusammen mit seiner Frau Charmian die letzten Jahre seines abenteuerlichen Lebens. Trampelpfade führen durch die bewaldete Landschaft zu den Ruinen des Wolfshauses, das sich der Schriftsteller bauen ließ und das kurz vor der Fertigstellung 1913 unter mysteriösen Umständen abbrannte. Jack London, der rastlose Verfasser von Bestsellern wie ›Ruf der Wildnis‹ und ›Wolfsblut‹, starb drei Jahre später und wurde in der Nähe auf einem Hügel zur letzten Ruhe gebettet.

Jack London (1876-1916) kam in San Francisco zur Welt, wuchs aber in Oakland an der East Bay auf. Schon im Alter von 13 Jahren arbeitete er in einer Konservenfabrik, um zum Familieneinkommen beizutragen. Später schloss er sich einer Jugendbande an, die von der Plünderung der Austernbänke in der Bucht lebte.

›Valley of the Moon‹ nannte er die Tallandschaft nach einer alten, indianischen Legende wegen der hier und da aufsteigenden Bergkämme, die ihre vulkanische Entstehungsgeschichte verraten. Einen noch deutlicheren Hinweis auf die dem Erdboden innewohnenden Kräfte gibt das Städtchen Calistoga im nördlichen Napa Valley. In regelmäßigen Abständen schießt am Ortsrand der Old Faithful Geysir kochendes Wasser in einer beeindruckenden Wassersäule in den Himmel. Im Unterschied zu seinem berühmten Namensvetter im Yellowstone National Park verdankt der Calistoga-Geysir seine Existenz nicht Mutter Natur, sondern einem Explorationsunternehmen, das in den zwanziger Jahren auf der Erdölsuche die unterirdischen Heißwasserreserven anzapfte. Schon

Menschenleere Sandstrände säumen den Highway 1 südlich von San Francisco. Zum Baden ist das Wasser nicht nur zu kalt, sondern wegen der trügerischen Strömungen auch zu gefährlich.

Als in den siebziger und achtziger Jahren des 19. Jahrhunderts viele Weinregionen Europas durch die Reblaus zerstört wurden, importierten die Winzer gegen diese Krankheit resistente Setzlinge auch aus dem Napa und Sonoma Valley, um ihre Kulturen wieder auf zu bauen.

lange vor Ankunft der ersten Europäer hatten die Indianer der Bay Area im heißen, mineralreichen Wasser des Napa Valley ihre Kranken behandelt. Als der Geschäftsmann Sam Brannan zum ersten Mal aus San Francisco nach Calistoga kam, muss ihm augenblicklich ein Licht aufgegangen sein, als er die dampfenden Quellen zu sehen bekam. Er ließ ein Kurhotel bauen, dem zahlreiche andere nachfolgten. Die Gäste werden dort in einen heißen Brei aus

Vulkanasche und Mineralwasser

gepackt, was selbst Weinprobengeschädigte wieder aufrichten soll. Der vergorene Traubensaft aus dem Napa Valley schart schon lange seine Bewunderer um sich. Der berühmte Verfasser des Abenteuerromans ›Die Schatzinsel‹, Robert Louis Stevenson, kam 1880 in diesen Teil Kaliforniens um im gesunden Klima seine Tuberkulose auszuheilen und gleichzeitig seine Flitterwochen zu verbringen. Eine Champagnerprobe bei Schramsberg, bei der er 18 unterschiedliche Sorten über die Zunge rollte, bildete für ihn ein so nachhaltiges Erlebnis, dass er es literarisch in einem seiner Werke verewigte. Offenbar erwärmte auch US-Präsident Richard Nixon sein Herz für dieselbe Kellerei. Als er im Februar 1972 zu seinem historischen Besuch nach China reiste, hatte er einige Schramsberg-Schampusproben für Mao Tse Tung im Gepäck.

Mit etwas anderen geistigen Produkten renommiert die Stadt Berkeley. Im Jahre 1873 nahm dort die University of California den Lehrbetrieb auf, deren Hochschulsystem heute aus neun über ganz Kalifornien verteilte Uni-"Filialen" besteht. In den sechziger Jahren rumorte es auf dem Campus in Berkeley, als sich die Studenten für ihre eigenen Rechte, die schwarze Bürgerrechtsbewegung und später gegen den Vietnamkrieg einsetzten und damit die Law-and-Order-Vertreter des Staates herausforderten. An einem Tag wurden in der Sproul Hall auf dem Campus 800 Studenten festgenommen, die größte Massenverhaftung in der Geschichte des Bundesstaates Kalifornien. Noch heute strahlt die Universität mit ihren 30 000 eingeschriebenen Studenten den Geist der Unangepasstheit aus, auch wenn die radikalen Aktionen längst der Vergangenheit angehören. Die zentrale Telegraph Avenue macht an manchen Tagen den

Um die Mitte der sechziger Jahre entstand an der East Bay die Black-Panther-Bewegung militanter Schwarzer. Sie zogen sogar Waffengewalt in Erwägung, um sich gegen die fortwährende Diskriminierung durch die weißdominierte Gesellschaft zur Wehr zu setzen.

Entlang der Küste gibt es noch immer ruhige und einsame Plätze.

Eindruck, als seien die Nachfahren der ehemaligen Flower-Power-Generation als Handleser und Silberschmiede, Bongotrommler und Weltuntergangsprediger, Anarchisten und Heilige nach Berkeley umgezogen.

Ist Berkeley der kluge Kopf des Ballungsraumes um die San Francisco Bay, so kommt Oakland die Funktion der starken Arme zu. Die Schwesterstadt von San Francisco hatte schon immer den Nimbus einer

Metropole im Blaumann

mit ihren großen Werften, die hauptsächlich während des Zweiten Weltkrieges ihre Boom-Zeiten erlebten. Damals strömten schwarze Arbeiter aus den amerikanischen Südstaaten an die East Bay und machten Oakland zur ›schwärzesten‹ Stadt des amerikanischen Westen mit einem Bevölkerungsanteil von über 50 Prozent Afro-Amerikanern. Hier wuchs Jack London auf, der schon als 13-Jähriger in einer Konservenfabrik malochte, ehe er sich als Mitglied einer Jugendgang auf die Plünderung der Austernbänke in der Bay spezialisierte. Vor einigen Jahren ließ die Stadtverwaltung Londons ehemalige Bleibe aus Alaska nach Oakland an die Wasserfront bringen, wo

Bedeutendste kulturelle Sehenswürdigkeit in Oakland ist das Oakland Museum of California südlich des Lake Merritt. Mit unterschiedlichen Abteilungen wie Geschichte, Geologie, Ökologie und Kultur bildet das Haus ein faszinierendes Schaufenster in Vergangenheit und Gegenwart des Staates Kalifornien.

das winzige Blockhaus zusammen mit dem windschiefen First and Last Chance Saloon an den großen Schriftsteller erinnert.

San José am südlichen Ende der Bucht hat San Francisco mit knapp 800 000 Einwohner schon vor Jahren der Größe nach überflügelt. Noch in den sechziger Jahren wurden dort Grundstücke wie Sauerbier angeboten, was viele Immobilienmakler und Unternehmer in diese Gegend brachte, zumal bei Palo Alto mit dem Silicon Valley und der Stanford University zwei hochkarätige High-Tech-Zentren gleich in der Nähe lagen. Schon lange, bevor in San José der Bevölkerungsboom ausbrach, hatte die Stadt eine bekannte und ziemlich verschrobene Einwohnerin. Sarah Winchester hatte von ihrem Mann, dem berühmten Flintenbauer, ein riesiges Vermögen geerbt. Das hatte sie auch bitter nötig, lebte sie doch in dem Wahn, solange am Leben zu bleiben, wie sie an ihrem Haus baute. Auf diese Weise entstand mit dem Winchester Mystery House zwischen 1884 und 1922 eine 160 Zimmer große Residenz, in der sich Maurer und Zimmerleute 38 Jahre lang 24 Stunden am Tag betätigen durften. Obwohl das Hämmern und Sägen nie aufhörte, ging die Hauseigentümerin am Ende doch den Weg alles Zeitlichen.

War in den sechziger und siebziger Jahren das Silicon Valley noch die berühmteste High Tech-Schmiede der USA, so ist dem »Tal der genialen Tüftler« inzwischen mit dem Microsoft-Imperium im Großraum Seattle im Bundesstaat Washington ein harter, sogar schon übermächtiger Konkurrent erwachsen.

Beim Erdbeben im Jahr 1989 nahm die Oakland Bay Bridge schweren Schaden, als ein Teil der oberen Fahrbahn sich aus den Verankerungen lockerte und auf die tiefer gelegene Fahrbahn stürzte.

Nicht zu Unrecht trägt der Highway 1, der sich die pazifische Steilküste südlich von San Francisco entlangschlängelt, den Beinamen »Traumstraße Amerikas«.

Wie eine trutzige Wehranlage liegt das Cliff House, heute ein Restaurant, über den Klippen am Ocean Beach von San Francisco. Weiter nördlich, im Marin County, gerät der breite Sandstrand von Stinson Beach im Sommer zum Treffpunkt vieler Wochenendurlauber aus der Stadt.

Auf schwankendem Boden leben die Hausbootbesitzer am Waldo Point in Sausalito. Schon vor Jahrzehnten entstand dort ein schwimmender Ortsteil mit zum Teil sehenswerten Wohnungen.

Seite 118/119:
Donnernd wirft der Pazifik am Baker Beach seine Brecher gegen das Steilufer. Über den zerschundenen und vom Meer ausgewaschenen Bergflanken sind eben noch die Träger der Golden Gate Bridge zu erkennen.

Vor Jahrhunderten war die gesamte kalifornische Küste zwischen Monterey und der Oregon-Grenze noch von riesigen Redwood-Wäldern bestanden. Durch den unkontrollierten Holzeinschlag sind die fabelhaften Forste stark zusammengeschrumpft. In den Muir Woods in Marin County haben zahlreiche der gewaltigen Patriarchen überlebt.

Seite 122/123:
Wie ein regelmäßiges Gespinst aus Spinnenfäden überspannt die Golden Gate Bridge das Goldene Tor, die schmale Passage zwischen Pazifik und Bucht von San Francisco.

Der Palace of Fine Arts, erbaut zur großen Ausstellung anlässlich der Eröffnung des Panama-Kanals 1915, bestand ursprünglich nur aus Holz und Gips, wurde später aber in Beton »nachgebaut«.

1579
Der britische Seefahrer Sir Francis Drake segelt mit seinem Schiff ›Golden Hind‹ am Goldenen Tor vorbei, ohne die Bucht von San Francisco zu entdecken und ankert weiter nördlich, um sein Schiff in Stand zu setzen.

1769
Der spanische Entdecker Gaspar de Portola unternimmt von San Diego eine Landexpedition nach Norden. Einer seiner Begleiter bekommt dabei erstmals die Bucht von San Francisco zu Gesicht.

1775
Mit der spanischen ›San Carlos‹ segelt das erste europäische Schiff unter dem Seefahrer Manuel de Ayala durch das Goldene Tor in die Bucht von San Francisco.

Die Golden Gate Bridge gewährt auch großen Schiffen ungehinderte Durchfahrt.

1776
Juan Bautista de Anza gründet die Mission Dolores, aus der sich die Ansiedlung Yerba Buena, das spätere San Francisco, entwickelt. Im gleichen Jahr baut de Anzas Begleiter, José Moraga, das Presidio auf, die erste spanische Befestigung der Stadt.

1792
Kapitän George Vancouver erforscht 1790–1795 die nordamerikanische Westküste und ankert auf dieser Reise im Hafen von Yerba Buena.

1821
Mexiko erklärt sich von Spanien unabhängig und errichtet seine Verwaltung auch über Kalifornien.

1847
Die sogenannte Bärenflaggen-Revolte einer Gruppe kalifornischer Siedler unter Führung von John Fremont macht Kalifornien für drei Wochen zur unabhängigen Republik, ehe das Gebiet amerikanisch wird. Die Siedlung Yerba Buena wird offiziell in San Francisco umbenannt.

1848
John Marshall entdeckt in Coloma am American River das erste kalifornische Gold. Im Vertrag von Guadalupe Hidalgo tritt Mexiko Kalifornien sowie weitere bislang mexikanisch verwaltete Gebiete an die USA ab.

1849
San Francisco bildet in der Goldrausch-Ära eine wichtige Versorgungsbasis für die ›Forty-Niners", die in der Sierra Nevada nach Gold schürfenden Einwanderer.

1850
Am 9. September wird Kalifornien als 31. Bundesstaat in die Amerikanische Union aufgenommen.

1854
Auf der Insel Alcatraz entsteht die erste Station der Küstenwache. In der Stadt werden die ersten 47 gasbetriebenen Straßenlampen installiert.

1859
In der Comstock Lode in Nevada werden riesige Silberlagerstätten entdeckt. Wiederum dient San Francisco als Versorgungsbasis für die Prospektoren.

1861
Ausbruch des amerikanischen Bürgerkrieges, in dem sich Kalifornien an die Seite der Nordstaaten stellt, von den Kriegsauswirkungen aber weitgehend verschont bleibt.

1863
William Randolph Hearst, der amerikanische Zeitungsverleger, kommt in San Francisco zur Welt. Er baut ein riesiges Presseimperium auf, das bei seinem Tode 38 Zeitungen bzw. Zeitschriften sowie einen Nachrichtendienst umfasst.

1864
Mark Twain kommt nach San Francisco und beginnt seine Arbeit beim ›Morning Call‹.

1868
Gründung der University of California in Oakland, die später aber nach Berkeley verlegt wird und dort 1873 ihren Lehrbetrieb aufnimmt. Erdbeben in San Francisco mit beträchtlichen Schäden.

1871
Die Arbeiten am neu anzulegenden Golden Gate Park beginnen.

1873
Der erste von Andrew Hallidie gebaute Cable Car verkehrt auf der Clay Street.

1874
Robert Lee Frost, der amerikanische Lyriker, kommt in San Francisco zur Welt, wird später aber als neuenglischer Literat berühmt.

1894
Bau des Japanese Tea Garden innerhalb des Golden Gate Parks.

1902
Im Golden Gate Park entsteht die heute noch existierende holländische Windmühle. In San Francisco kommt Ansel Adams, einer der bedeutendsten amerikanischen Landschaftsphotographen, zur Welt. Im gleichen Jahr stirbt in San Francisco der Schriftsteller Frank Norris, eigentlich Benjamin Franklin Norris, der sich mit Werken wie ›Heilloses Gold‹ und ›The Octopus‹ einen Namen machte.

1903
Der Schriftsteller Irving Stone kommt in San Francisco zur Welt. Er verfasst romanhafte Biographien über Vincent van Gogh, Jack London und Charles Darwin.

1906
Das katastrophale Erdbeben zerstört große Teile der Stadt. Die größten Schäden entstehen durch Brände, die ganze Straßenzeilen in Schutt und Asche legen und über 28 000 Gebäude vernichten.

1909
Auf Angel Island wird eine Einwandererstation ähnlich wie Ellis Island in New York errichtet.

1915
San Francisco feiert mit der Panama-Pacific International Exposition die Eröffnung des Panama-Kanals und zugleich seinen Wiederaufbau nach dem

Erdbeben. Der später berühmt gewordene Schriftsteller Ross MacDonald, eigentlich Kenneth Millar, kommt in San Francisco zur Welt. In seinen Abenteuer- und Kriminalromanen greift er auch Zeitthemen wie Umweltverschmutzung und Rechtsextremismus auf.

1927
Südlich der Stadt nimmt der San Francisco International Airport den Betrieb auf.

1930
In San Francisco erblickt der Filmschauspieler, Regisseur und Produzent Clint Eastwood das Licht der Welt. Er wurde bekannt in Italo-Western wie ›Für eine Handvoll Dollar" und Actionfilmen wie ›Dirty Harry‹ und ›Flucht von Alcatraz‹.

1932
Eröffnung der Oper in San Francisco mit ›Tosca‹.

1933
Ende der Ära der Prohibition.

1934
Die Polizei eröffnet am ›blutigen Donnerstag‹ das Feuer auf streikende Arbeiter und tötet zwei Menschen. Ein viertägiger Generalstreik legt das gesamte Arbeitsleben lahm.

1936
Einweihung der San Francisco-Oakland Bay Bridge zwischen westlicher und östlicher Bucht.

1937
Fertigstellung der Golden Gate Bridge nach den Plänen des Ingenieurs Joseph Strauss.

1939
Auf Treasure Island in der Bucht von San Francisco findet die Weltausstellung statt.

1940
In der Bay-Metropole kommt der Filmschauspieler chinesischer Herkunft, Bruce Lee, zur Welt, der durch Action- und Karate-Filme bekannt wird.

1945
In San Francisco wird nach mehrwöchigen Beratungen die Charta der Vereinten Nationen unterzeichnet.

1949
Mit der Circle Gallery in der Maiden Lane Nr. 140 entsteht das einzige Gebäude der Stadt nach den Plänen des berühmten Architekten Frank Lloyd Wright.

1951
Am 8. September wird in San Francisco der Friedensvertrag zwischen Japan und den USA, England und weiteren 46 Staaten geschlossen (ohne Beteiligung der Sowjetunion). Japan verliert über 45% seines Gebietsstandes von 1945 und wird territorial auf die vier japanischen Hauptinseln beschränkt.

1956
Der Schriftsteller der Beat Generation, Allen Ginsberg, veröffentlicht sein hymnisch-episches Gedicht ›Das Geheul‹, das wegen angeblich obszöner Inhalte zum Gegenstand eines Gerichtsverfahrens wird, bei dem der Autor freigesprochen wird.

1957
Der Roman ‹Unterwegs‹ des Schriftstellers Jack Kerouac erscheint und nimmt innerhalb weniger Monate die Spitzenposition der Bestsellerlisten ein.

1963
Das Bundesgefängnis auf der Insel Alcatraz wird geschlossen. Im gleichen Jahr eröffnet der umgebaute Ghirardelli Square.

1964
Der Studentenprotest in Berkeley gegen den Vietnamkrieg und für die Bürgerrechtsbewegung führt zu zahlreichen Verhaftungen.

1967
Summer of Love der Hippie-Bewegung, zu dem Blumenkinder aus allen Teilen der Welt in die Bay-Metropole strömen.

1969
Der gefeierte Beat Generation-Schriftsteller Jack Kerouac stirbt in St. Petersburg in Florida.

1970
Die Bevölkerung von San Francisco wird auf 715 000 beziffert.

1971
Mit der Transamerica Pyramid entsteht im Zentrum von San Francisco ein neues bauliches Wahrzeichen der Stadt.

1972
Nach einem Aufsehen erregenden Prozess wird die amerikanische Soziologin Angela Davis, Mitglied des ZK der Kommunistischen Partei der USA, vom Verdacht der Beihilfe zum Mord nach weltweiten Protesten und Solidaritätsaktionen freigesprochen. Seit 1977 besitzt sie einen Lehrauftrag an der University of California.

1974
Eröffnung der Untergrundbahn BART (Bay Area Rapid Transit). Patty Hearst, die Erbin des kalifornischen Medienmoguls William R. Hearst, wird in Berkeley von der Symbionese Liberation Army gekidnappt. Später schließt sie sich dieser Gruppierung freiwillig an und raubt mit ihr eine Bank in San Francisco aus.

1978
Bürgermeister George Moscone und sein Mitarbeiter Harvey Milk fallen im Rathaus einem Mordanschlag zum Opfer. Neue Bürgermeisterin wird Dianne Feinstein.

1981
In den Gesundheitsstatistiken der Stadt tauchen die ersten offiziellen AIDS-Fälle auf.

1982
In San Francisco findet die erste Schwulenolympiade mit 1300 männlichen und weiblichen Teilnehmern in 16 Disziplinen statt.

1989
Ein Erdbeben der Stärke 7,1 auf der Richterskala verursacht zahlreiche Tote und lässt die obere Fahrbahn der Oakland Bay Bridge teilweise einstürzen.

1990
Der alle 10 Jahre stattfindende Zensus ergibt für San Francisco eine Bevölkerung von knapp 724 000 Menschen, davon 47% Weiße, 29% Asiaten oder Menschen aus dem pazifischen Raum, 14% Latinos und 11% Schwarze.

1992
Gewaltige Buschfeuer vernichten in der Hügellandschaft um Oakland und Berkeley über 3000 Privathäuser.

1993
Eröffnung des Neubaukomplexes Yerba Buena Gardens im Stadtteil South of Market Street.

1994
Das US-Militär zieht sich vom Presidio-Gelände zurück und übergibt es der Verwaltung des National Park Service.

1995
Über 10 000 Fans nehmen im Golden Gate Park Abschied vom verstorbenen Band-Leader Jerry Garcia von den Grateful Dead.
Im Viertel South of Market Street eröffnet das neue ‹Flagschiff‹ der Kunstszene, das San Francisco Museum of Modern Art.

Der Blick von der Bucht oder von Alcatraz Island zeigt den Ghirardelli Square am Fuße des Russian Hill.

Geschäfte als Relikte aus der Flower-Power-Zeit.

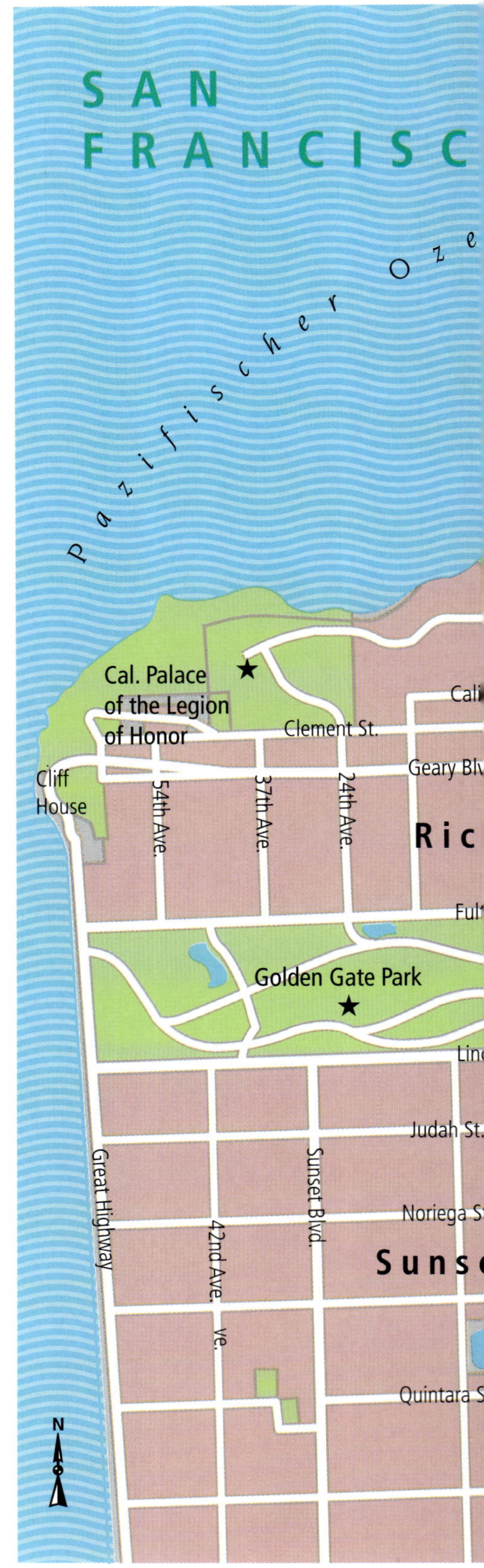

SAN FRANCISC
Pazifischer Oze
Cal. Palace of the Legion of Honor
Clement St.
Geary Blv
Cliff House
54th Ave.
37th Ave.
24th Ave.
Ric
Golden Gate Park
Judah St.
Great Highway
Sunset Blvd.
42nd Ave.
Noriega S
Suns
Quintara S
N

Golden Gate Bridge
Fisherman's Wharf
Pier 39
San Francisco Bay
Marina Park
Girardelli Sq.
The Embarcadero
Bay St.
Coit Tower
Marina Blvd.
Filbert/ Lombard Street
Columbus Ave.
North Beach
101
Marina
Lincoln Blvd.
1
Lombard St.
San Francisco-Oakland Bay Bridge
Presidio Hts.
Pacific Hts.
Victorian Houses
Cable Car Barn
Jackson Square
Transamerica Building
Embarcadero Center
China-town
Union Square
Financial District
West Pacific Ave.
Washington St.
California St.
Van Ness Ave.
Gough St.
80
Lake St.
Western Addition
Nob Hill
Park Presidio Blvd.
10th Ave.
4th Ave.
Arguello Blvd.
Geary Blvd.
Divisadero St.
Steiner St.
Laguna St.
Hyde St.
Market St.
Howard St.
Stanyan St.
Masonic Ave.
Turk St.
Harrison St.
nd
101
Civic Center
Alamo Sq.
Fulton St.
7th St.
Bryant St.
Fele St.
Oak St.
South of Market
U.S. Mint
M. H. de Young Museum
10th St.
ese Tea Garden
Haight St.
Haight-Ashbury
Market St.
South Van Ness Ave.
Mission St.
Harrison St.
17th St.
Castro Street
17th St.
19th Ave.
10th Ave.
7th Ave.
Mission Park
Guerrero St.
Potrero St.
3rd St.
Eureka Valley
21st St.
Mission District
21st St.
16th Ave.
Twin Peaks
Twin Peaks
Diamond St.
Church St.
Dolores St.
Potrero Hill
280
Market St.
1
25th St.
101
25th St.
Army St.
Army St.
Noe Valley
Valley St.
Traval St.
Portola Dr.

Impressum

LOOK – Die Bildagentur der Fotografen
ist ein Zusammenschluss von derzeit 20 renommierten Fotografen. Erst vor wenigen Jahren gegründet, zählt die Fotografengemeinschaft aufgrund ihres anspruchsvollen Bildangebotes mittlerweile zu den führenden Agenturen in Deutschland.
So vielseitig wie die Fotografen sind auch ihre Themen (Reise, Sport, Wildlife, Reportage, Mode, etc.) und deren fotografische Umsetzung.

Die an der **LOOK/Stürtz-Bildbandreihe** beteiligten Fotografen zählen zu den besten in ihrem Metier. Lange Reisen in die jeweiligen Länder oder Städte sind Garant für stimmungsvolle Landschafts- und Architekturaufnahmen und bieten einen umfassenden Einblick in die kulturellen Besonderheiten.

LOOK – Die Bildagentur der Fotografen
Kapuzinerstraße 9 D
80337 München
Tel. 089 / 544 233-0
Fax 089 / 544 233-22

Bildnachweis
Archiv für Kunst und Geschichte, Berlin:
S. 22/23 Hintergrund, S. 22 rechts oben, S. 22 rechts Mitte, S. 22 rechts unten, S. 23 oben, S. 23 unten, S. 70/71 Hintergrund, S. 70 links, S. 70 Mitte, S. 70 rechts, S. 71 links, S. 71 rechts oben, S. 71 rechts unten, S. 98/99 Hintergrund, S. 98 oben, S. 98 2. von oben, S. 98 3. von oben, S. 98 4. von oben, S. 99 rechts oben.
Interfoto Pressebild Agentur, München:
S. 46 links oben, S. 46 links unten, S. 47 links, S. 47 rechts.

Buchgestaltung
Matthias Kneusslin, hoyerdesign, Freiburg

Karte
grafis, Dortmund

Die Deutsche Bibliothek - CIP-Einheitsaufnahme

San Francisco / Autor: Manfred Braunger.
Fotogr.: Rainer Martini. - Würzburg: Stürtz, 1997
ISBN 3-8003-0802-9
NE: Braunger, Manfred; Martini, Rainer

Repro: Rete GmbH, Freiburg
Druck und Verarbeitung:
Universitätsdruckerei H. Stürtz AG, Würzburg

ISBN 3-8003-0802-9